I0411362

FAUT-IL AVOIR PEUR DE LA LIBERTÉ ?

LE LIBÉRALISME EN 21 QUESTIONS

Thierry Falissard

Le libéralisme est-il une menace planétaire au même titre que le seraient le réchauffement climatique, le terrorisme islamiste ou la prolifération nucléaire ? Est-il dépourvu de toute éthique au point d'abandonner chacun d'entre nous au jeu aveugle des forces du marché ? Ne laisse-t-il pas chaque personne livrée à elle-même en détruisant tout lien collectif ? Faut-il intervenir vigoureusement pour en limiter les dérives ?

La sagesse populaire dit que « la peur n'évite pas le danger », aussi il serait utile d'analyser ce « danger », en allant jusqu'à sa racine. C'est ce que ce compendium tente de faire, à partir d'un exposé concis[1] du « noyau dur » du libéralisme et des conséquences qui en résultent. Le lecteur jugera de lui-même si cette peur, en définitive, est réellement justifiée.

Car il est facile de mettre en accusation le libéralisme en lançant une contre-vérité, un slogan aguicheur, qui fera appel aux sentiments plus qu'à la raison. Il faut cependant du temps et une méthodologie adaptée pour répondre, en développant un raisonnement qui se tienne, à un discours réducteur qui voit le libéralisme là où il n'est pas, ou le refuse là où il apporterait la solution.

Ce parcours offrira une vue très synthétique de la pensée libérale dans plusieurs de ses aspects, y compris (et surtout) les plus contestés. L'auteur cherche à illustrer que la préoccupation du libéralisme est avant tout d'ordre éthique, et non seulement économique comme beaucoup le pensent. Il espère que le lecteur en appréciera le caractère essentiel, en même temps que l'aspect révolutionnaire, souvent méconnu.

---

[1] Cette concision nous a contraint à ajouter de nombreuses références ou définitions en notes de bas de page que le lecteur consultera à loisir.

La pensée libérale est multiforme tout en ayant sa propre cohérence. Développée et affinée au cours du temps par les philosophes, puis appliquée à des degrés divers en politique, en droit et en économie, elle a souvent conduit l'histoire des peuples, inspiré plusieurs révolutions, façonné l'économie moderne. Elle influence encore les politiques actuelles, dans tous les pays, avec plus ou moins de bonheur selon le degré de son application.

En même temps, dans sa forme la plus pure, elle a un aspect souvent qualifié d'utopique dont il faut tenir compte au même titre que ses formes plus classiques.

On pourrait appeler cette utopie le « libéralisme absolu » : nous le désignerons plus simplement comme « anarchisme libéral ». Il s'agit de l'idée selon laquelle les personnes sont capables de s'organiser en société par une coopération spontanée, sans coercition extérieure, sans ordre venu d'en haut, sans directive ni structure politique fixe, sans monopole de droit, sans hiérarchie imposée (ce qui ne veut pas dire que tout soit permis dans une telle société).

La société civile[1] triomphe : l'État à proprement parler n'existe plus, ses fonctions sont « atomisées », harmonieusement réparties dans le corps social en autant de spécialités, de professions, de tâches, qui concourent toutes à l'ordre social, illustrant le slogan paradoxal : « *l'anarchie c'est l'ordre[2]* ».

La conception anarchiste a été développée au XXe siècle par des théoriciens tels que Murray Rothbard[3].

C'est en quelque sorte l'horizon indépassable du libéralisme, un idéal peut-être impossible à atteindre, celui d'une société de rapports volontaires, la coercition n'étant justifiée qu'en réaction à la violation du droit.

Elle trouve son origine au XIXe siècle avec Max Stirner[4], Lysander Spooner[5], Gustave de Molinari[6]. Dans ses derniers écrits Proudhon[7] en est assez proche.

---

[1] Ce terme (attribué à Hegel) désigne le corps social, autonome par rapport à l'État.

[2] « Oui, l'anarchie c'est l'ordre ; car, le gouvernement c'est la guerre civile » (Anselme Bellegarrigue, « L'Anarchie, journal de l'ordre », n°1, 1850).

[3] Économiste américain, théoricien de l'anarcho-capitalisme (1926-1995).

Une conception plus commune et plus répandue du libéralisme admet dans une certaine mesure la contrainte étatique, mais assigne un rôle très précis à l'État. En tant que monopole de la sécurité, l'État, qui agit selon la loi du plus fort avec les moyens légaux de répression ou de protection qui sont les siens, limite son champ d'action à la sécurité des personnes. Il s'agit des fonctions dites régaliennes[8] : police, justice, défense du territoire, diplomatie. Tout débordement hors de ce cadre de l'État minimal (État veilleur de nuit ou État gendarme) est illégitime. Ses partisans furent aux États-Unis des politiciens comme Thomas Jefferson[9] ou au XXe siècle des philosophes comme Robert Nozick[10] ou Ayn Rand[11]. En France, Frédéric Bastiat[12], qui affirmait que la loi ne doit être que l'expression du droit de légitime défense, fut le meilleur représentant de ce courant.

Ces courants sont les héritiers du *libéralisme classique*, courant politique et économique qui remonte au XVIIe siècle, qui recherche comment l'État peut garantir le droit en intervenant le moins et le mieux possible dans la vie des citoyens.

Les autres conceptions du libéralisme sont davantage pragmatiques et moins faciles à caractériser idéologiquement.

L'utilitarisme[13], à la suite de Jeremy Bentham[14] et John Stuart Mill[15], essaie de valider sans a priori les principes libéraux en fonction de leurs conséquences sur le bien-être des gens. Son apport est important, sans être déterminant.

---

[4] Max Stirner (1806-1856), anarchiste allemand, est l'auteur de « l'Unique et sa propriété » (1844).

[5] Anarchiste américain (1808-1887).

[6] Gustave de Molinari (1819-1912), économiste belge, premier auteur anarcho-capitaliste.

[7] Pierre Joseph Proudhon (1809-1865), anarchiste français.

[8] À l'origine, les fonctions du roi, du pouvoir souverain (nous en excluons le pouvoir de battre monnaie).

[9] Troisième président des États-Unis, auteur de la déclaration d'indépendance (1743-1826).

[10] Philosophe américain (1938-2002).

[11] Philosophe et romancière américaine d'origine russe (1905-1982).

[12] Economiste et homme politique français (1801-1850). Voir bastiat.org.

[13] L'utilitarisme adopte comme principe éthique l'utilité sociale, et cherche « le plus grand bonheur du plus grand nombre ».

1 – Y a-t-il une pensée unique libérale ?

Les politiciens dits « libéraux », quant à eux, avancent des propositions desnées à une société particulière, sans pour autant chercher une cohérence 'ensemble, car des éléments non libéraux, opportunistes, conservateurs ou ationalistes, explicables historiquement ou socialement, y sont mêlés. Le)ectre politique libéral s'étend depuis le libéralisme conservateur d'une Mararet Thatcher jusqu'à l'ordolibéralisme[16] allemand et son souci d'une *économie*)*ciale de marché*.

Enfin, certains hommes politiques, de droite comme de gauche, récupèrent e façon ponctuelle certains thèmes libéraux (surtout en économie), tout en ardant une conception très étatiste du pouvoir. On peut citer le néo-)nservatisme[17] américain, le blairisme[18], la social-démocratie attachée à l'État-rovidence[19] mais consciente de l'importance de l'économie de marché, voire le)mmunisme chinois, étonnamment devenu « économie de marché socialiste », lepte du libre-échange libéral dans un cadre politique non libéral.

Notons que le terme américain de *liberal* est un faux ami qui n'a plus de rap-)rt avec le libéralisme : il désigne les sociaux-démocrates (en ce sens, Keynes affichait *liberal*). C'est le terme de *libertarian*[20] qui désigne les libéraux aux :ats-Unis. Pour compliquer encore la terminologie, le terme français mainte-int répandu de *libertarien*[21] a un sens plus restreint : il désigne, parmi les libé-ux, les anarchistes ainsi que les partisans de l'État minimal.

S'il n'y a pas une pensée unique libérale, mais de nombreuses écoles de pen-·e, il y a tout de même un socle commun : pour toutes ces écoles, à différents ·grés, le concept de *liberté* est central, le *consentement* de l'individu est une

---

Philosophe britannique (1748-1832).

Philosophe et économiste britannique (1806-1873).

Courant de pensée allemand du XXᵉ siècle qui voit l'État comme un ordonnateur qui sure la concurrence et l'efficacité économique.

Courant politique américain de la fin du XXᵉ siècle, qui mêle libéralisme économique interventionnisme étatique.

Social-libéralisme de Tony Blair, qui cherche à concilier la prospérité économique et « justice sociale ».

Conception selon laquelle l'État doit intervenir fortement dans le champ économique social.

Terme utilisé par l'économiste américain Leonard Read (1898-1983), pour éviter la nfusion avec les conservateurs et les « liberals » keynésiens.

Terme introduit par l'économiste français Henri Lepage (né en 1941).

exigence morale[22], et tout pouvoir de quelque espèce qu'il soit qui s'impose sans ce consentement est suspect, si ce n'est illégitime.

Ceci nous conduit naturellement à examiner le concept de liberté dans le cadre du libéralisme.

---

[22] « La liberté est l'autorisation de n'obéir à aucune autre loi extérieure que celles aux quelles j'ai pu donner mon assentiment » (Emmanuel Kant, « Vers la paix perpétuelle » 1795).

Il ne s'agit pas du concept métaphysique de liberté, décliné en liberté intérieure, libre arbitre[1], émancipation par rapport aux lois de la nature, voire salut individuel, etc. Il s'agit du concept de liberté *dans les relations interindividuelles*, dans nos rapports avec les autres. C'est donc quelque chose de très concret, qui, excepté les ermites qui fuient la société, nous concerne tous, et tous les jours.

Le libéralisme s'intéresse au « vivre-ensemble », pas à la meilleure façon de mener sa propre vie ; aux relations avec nos semblables, pas au rapport moral que nous entretenons avec nous-mêmes.

Chacun, soutiennent les libéraux, devrait être parfaitement libre tant qu'il ne nuit pas aux autres : *la liberté consiste à pouvoir faire tout ce qui ne nuit pas à autrui* (comme le rappelle le bien connu article 4 de la « Déclaration des droits de l'Homme et du Citoyen » française de 1789).

On remarque que cette définition est toute négative : on ne dit pas ce qu'il est permis de faire, mais plutôt ce qu'il ne faut pas faire. Ce qui est positif, c'est la nuisance, qu'on cherche à éviter. Il reste donc à préciser de façon positive ce qu'on appelle « nuire à autrui ». Il peut déjà y avoir des divergences à ce stade parmi les libéraux.

Ainsi les libertariens formulent un principe de non-agression : *aucun individu ni groupe d'individus n'a le droit d'agresser quelqu'un en portant atteinte à sa personne (ou à sa propriété)*[2]. L'agression est l'usage de la violence (ou la menace d'employer la violence) contre quelqu'un qui ne vous a pas agressé.

Les utilitaristes libéraux, à la suite de John Stuart Mill, préfèrent un principe de non-nuisance : la seule raison légitime que puisse avoir une communauté civilisée d'user de la force contre un de ses membres, contre sa propre volonté, est d'empêcher que du mal ne soit fait à autrui[3].

Les différences qui découlent de ces deux définitions, pour subtiles qu'elles soient, n'en sont pas moins réelles. Pour un utilitariste, une obligation

---

Nous estimons que la notion de « libre arbitre » est métaphysique et n'est pas utile dans un exposé sur la liberté négative.

Murray Rothbard, « Le manifeste libertarien » (1973).

John Stuart Mill, « De la liberté » (1859).

d'assistance à personne en danger peut être justifiée, alors que la plupart des libertariens la rejetteront, comme liberticide. La liberté du commerce est légitime *a priori* pour les libertariens, puisque le commerce n'est pas une agression, tant qu'il reste honnête (c'est-à-dire consiste en échanges consentis, sans tromperie sur la marchandise, quelle que soit cette dernière) ; pour les utilitaristes, elle est justifiée parce qu'elle accroît le bien-être général, malgré ses possibles nuisances (certains commerçants peuvent souffrir de la concurrence des autres, des prix élevés peuvent nuire aux clients).

Pour un libéral, la liberté positive, contrepartie de la liberté négative, est la possibilité d'agir comme on l'entend dans le respect de la liberté d'autrui. Tout dépend donc du contenu que chacun veut bien donner à cette liberté, contenu sur lequel il n'y a pas lieu de statuer, tant que la liberté d'autrui est assurée.

Car cette liberté positive n'est pas un droit absolu à quelque bien ou service que ce soit[4], éducation, emploi, assistance ou autre, car cela contraindrait d'autres personnes à fournir ces services ou à payer pour eux – en pratique par l'impôt ou la législation, autrefois par l'esclavage des uns et les privilèges des autres – sans que leur consentement soit obtenu. Cette « liberté » profiterait donc aux uns en empiétant sur la liberté des autres. Cette société de « faux droits » serait une société d'injustices plus ou moins bien déguisées.

La liberté n'est pas une émancipation complète de toute contrainte matérielle, ce qui est impossible dans le monde de rareté qui est le nôtre, où aucun gain ni aucun bien ne s'obtient sans travail (d'où le concept de propriété que nous verrons plus loin).

Cela signifie-t-il que dans une société libérale certains soient libres de s'épanouir et d'autres libres de mourir de faim ? Heureusement non (nous aborderons également cette préoccupation par la suite). Cela ne veut pas dire non plus qu'on puisse asservir une partie de la population au bénéfice d'une autre sous un prétexte de « solidarité ».

On pourrait se demander pour quelle raison fonder la vie en société sur la liberté et l'autonomie individuelle plutôt que sur d'autres valeurs, comme l'égalité matérielle, la gloire et le bien de la patrie, la préservation de la nature ou le respect de préceptes religieux ? (on aura reconnu respectivement les idéologies égalitaristes, nationalistes, écologistes et théocratiques)

---

[4] Ce que le marxisme appelle « liberté réelle », par opposition à la « liberté formelle » qui serait celle du libéralisme.

2 – De quelle liberté parlons-nous ?

Le libéralisme ne rejette aucun système de valeurs : il pose seulement comme principe premier celui de la liberté et du consentement individuel. Sans ce principe, toute société, quelles que soient ses bonnes intentions et quelles que soient les valeurs qu'elle promeuve, devient vite une tyrannie. Les exemples de telles sociétés ne manquent pas dans l'Histoire ; on ne peut pas dire qu'elles aient contribué au bonheur individuel ni enrichi l'Humanité. Toute idéologie est respectable dès lors qu'elle respecte le principe de non-agression.

Le principe libéral est avant tout un principe éthique, ce qui nous conduit à examiner les rapports entre libéralisme et éthique.

L'éthique libérale est une éthique politique et sociale. Elle ne traite que du comportement que nous devrions adopter dans les rapports que nous entretenons avec autrui. Elle est dans ce sens une éthique incomplète, comparée aux éthiques laïques ou religieuses, ou simplement professionnelles, plus spécialisées : éthique médicale, éthique des affaires, etc.

En revanche, elle prétend constituer dans son domaine (celui de la philosophie politique) une éthique *minimale*, de sorte qu'on peut qualifier d'immoral (et donc d'illégitime) tout acte qui la viole, parce qu'il contrevient au principe fondamental de la liberté de l'individu et de son consentement, exprimé sous les formes du principe de non-agression ou de non-nuisance.

A ce titre, elle permet donc de juger, sous l'angle libéral, d'une idéologie politique, d'une religion, du comportement d'une personne ou d'un groupe de personnes, des lois promulguées, des décisions étatiques, ou même d'une autre éthique – car il est fréquent que des groupes de pression tentent de promouvoir leurs propres conceptions morales et d'imposer leurs vues à toute la société.

Le libéralisme n'est donc en rien un relativisme moral, qui verrait toutes les valeurs morales comme équivalentes, puisque liées à des cultures, des coutumes ou des façons de penser particulières. Il est d'une portée éthique qu'on ne soupçonne peut-être pas toujours. Il s'attaque indifféremment à l'intolérance, aux intégrismes religieux, mais aussi au paternalisme[1] d'État si fréquent de nos jours, à toutes les formes d'autoritarisme politique et à un grand nombre de *ismes* que nous rencontrerons dans ces pages.

Plusieurs approches sont possibles en matière d'éthique libérale, selon les critères normatifs qu'on adopte.

L'approche *conséquentialiste* juge un comportement en fonction de ses conséquences sur soi-même ou sur les autres êtres humains. L'utilitarisme, historiquement, juge bonne une action qui contribue au bonheur agrégé de tous (ou tout du moins au bonheur propre sans affecter le bonheur des autres). Inversement, certains auteurs défendent l'égoïsme, qui fait passer le bonheur per

---

[1] « Attitude qui consiste à vouloir protéger les gens d'eux-mêmes ou à essayer de faire leur bien sans tenir compte de leur opinion » (selon Ruwen Ogien, « L'éthique aujourd'hui » (2007).

sonnel avant celui des autres (tant que ce dernier n'est pas affecté par les comportements égoïstes), car un égoïste qui respecte les autres est amené indirectement à travailler pour ce faire au bonheur d'autrui.

Le conséquentialisme utilitariste pose différents problèmes, plus ou moins bien abordés par ses théoriciens. Qu'est-ce que le bonheur de tous ? Comment l'évalue-t-on ? N'y a-t-il pas le risque de justifier des situations immorales sous prétexte que *la fin justifie les moyens* et que *seul compte le résultat* ?

L'approche la plus aboutie pour guider les choix individuels (ou publics), mais qui reste théorique, est peut-être celle qui repose sur l'*optimum de Pareto*[2], qui définit comme optimale une décision qui maximise le bien-être de certains sans détériorer celui des autres, satisfaisant ainsi au principe libéral (on parlerait aujourd'hui du résultat final d'une approche « gagnant-gagnant »).

L'autre approche importante est l'approche *déontologique*[3], qui définit de ce qu'on *doit* faire, ou ne *doit pas* faire, a priori. Les principes déjà énoncés de non-agression ou non-nuisance relèvent de ce type d'éthique. Dans cette « morale du devoir », une action conforme aux principes est bonne en elle-même, quelles qu'en soient ses conséquences. On trouvera différentes formulations : respecter autrui (dans sa personne et ses biens), ne pas le considérer comme un moyen[4], respecter ses engagements envers autrui, etc.

La dernière grande tentative d'approche déontologique est celle de John Rawls[5], et de son « égalitarisme libéral », qui tente de concilier l'idée de liberté avec une certaine égalité des chances (les libéraux sont très partagés sur la théorie de Rawls, que certains trouvent plus social-démocrate, voire socialiste, que libérale).

Les approches conséquentialiste et déontologique sont davantage complémentaires qu'opposées, chacune permettant de corriger les excès ou les insuffisances de l'autre, l'une regardant en aval de l'action et l'autre en amont.

Vilfredo Pareto (1848-1923), sociologue et économiste italien.

La déontologie (du grec *deon*, ce qu'il faut faire) est la science qui traite des devoirs moraux.

« Agis de façon telle que tu traites l'humanité, aussi bien dans ta personne que dans tout autre, toujours en même temps comme fin, et jamais simplement comme moyen. » Kant, « Métaphysique des mœurs »)

John Rawls (1921-2002), philosophe américain, « Théorie de la justice » (1971).

Pour caricaturer, un certain utilitarisme pourrait acquiescer à l'assassinat des membres les plus malheureux de la société (car cela augmente le bien-être total), tandis que le déontologisme libéral fondé sur le principe libertarien de non-agression ne voit pas d'inconvénient à ne pas assister une personne en danger (puisque cette « faute par omission » n'est pas une agression[6]).

Le lien social entre deux personnes (ou une personne et un groupe) est conforme à l'éthique libérale dès lors qu'il ne repose pas sur une contrainte d'une personne à une autre, ou s'il s'agit d'une contrainte librement acceptée (car probablement profitable à chacun).

Comment l'éthique peut-elle quitter la sphère de la théorie pour être mise en œuvre de façon pratique ? Comment passer du moral et de l'immoral au juste et à l'injuste ? C'est la fonction du droit, que nous allons considérer à présent.

---

[6] La plupart des pays, mais pas tous, ont une notion d'assistance à personne en dange ou des « lois du bon samaritain » conformes au principe de non-nuisance.

L'éthique libérale aboutit en pratique à l'énoncé d'un certain nombre de roits dont chacun d'entre nous est censé disposer. Il ne s'agit plus alors de réconiser le bien ou de déconseiller le mal, mais de favoriser ce qui est juste et 'empêcher l'injuste, quitte à corriger une situation injuste (et donc immorale) ar la force s'il le faut.

On voit donc apparaître deux fonctions sociales importantes et complémen-aires, qui relèvent du droit : la justice, qui doit trancher entre ce qui est juste et : qui ne l'est pas ; la sécurité[1], qui est l'emploi de la force pour assurer le res-ect du droit. Pour parler plus simplement : des tribunaux qui règlent les con-its, et des polices qui font respecter le droit et les décisions de justice.

La notion de droit, comme celle de liberté, est, du point de vue libéral, entiè-ment négative : chacun a le droit de faire tout ce qui ne « nuit » pas à autrui. e droit négatif se décline en un certain nombre de droits avec un contenu posi-f qui en sont la manifestation concrète.

Ces droits, il est important de le souligner, ne sont pas octroyés par un pou-ir quelconque : ils existent même en l'absence de pouvoir chargé de les faire specter. En ce cas, l'individu, livré à lui-même, doit faire respecter ses droits ul – tâche malaisée (ce qu'on appelle parfois « état de nature » n'est pas de ut repos : même au Far West on avait recours au shérif).

Le pouvoir est seulement chargé d'assurer ces droits, qu'on qualifie de « na-rels », car ils ne tiennent qu'au fait qu'on soit un être humain[2]. L'égalité en oit est implicite, puisque ces droits concernent tous les hommes au même gré, indépendamment de leur origine, leur race ou leurs différences.

Nous utilisons ce terme bien que celui de « sûreté » (protection contre l'agression), i figure dans la Déclaration française des Droits de l'homme et du citoyen (art. 2), it peut-être plus approprié.

Par opposition avec l'animal ou à la chose, qui n'ont pas de droits équivalents, par position aussi avec des « droits » artificiels, arbitraires. Ce « droit naturel » mplique pas l'existence d'une « nature humaine » invariable, voir Murray Rothbard, 'Ethique de la liberté » (1982), Introduction.

La liste de ces droits « naturels » est courte :

- droit à la vie (d'où découle la légitime défense) ;
- liberté (d'action, d'expression, d'association, de choix, etc.) ;
- droit de propriété (examiné ultérieurement).

Ces droits sont absolument non négociables : leur violation est toujours illégitime et immorale.

Il est possible d'allonger la liste des droits dans la mesure où les droits minimaux sont respectés et où les nouveaux droits ne lèsent personne : le *droit* des uns ne peut être un *devoir* non consenti par les autres, selon le critère de non-nuisance. Il n'y a pas de « droit à habiter un palais », ni de « droit à avoir une voiture avec chauffeur », ni même de « droit à avoir trois repas par jour » – sauf à se les payer soi-même si on le peut. Tout « droit » qui entraîne un devoir positif de la part d'autrui est suspect *a priori*.

Si ces droits de l'homme sont bien compris de nos jours – encore qu'ils soient fréquemment violés – il n'en a pas toujours été de même par le passé. Le concept de droit naturel remonte à l'Antiquité (Aristote, le stoïcisme[3], Cicéron[4]), la même Antiquité qui pratiquait l'esclavage. Le Moyen-âge et la Renaissance en ont précisé la notion, alors que la persécution religieuse était intense. Le jusnaturalisme moderne, issu de John Locke[5] (et en partie de Thomas Hobbes[6]), n'a pas empêché au XXe siècle le totalitarisme communiste ou nazi, ces régimes qui imposaient à tous l'adhésion à une idéologie unique et qui contrôlaient jusqu'à la pensée de leurs sujets (antithèse exacte du libéralisme).

L'éthique libérale minimale conduit ainsi à la notion de droit naturel, ou *droit moral*, qui est une clé pour comprendre le libéralisme. Or, en pratique

---

[3] « Un État juridique fondé sur l'égalité des droits, donnant à tous un droit égal à la parole, et une royauté qui respecterait avant tout la liberté des sujets. » (Marc-Aurèle « Pensées »)

[4] « Une seule loi éternelle et invariable sera valide pour toutes les nations et en tout temps. » (Cicéron, « De Republica »)

[5] John Locke (1632-1704), philosophe anglais, auteur de la « Lettre sur la tolérance » et des « Traités du gouvernement civil » (1690), un des fondements philosophiques du libéralisme.

[6] Thomas Hobbes (1588–1679), philosophe anglais, auteur du « Léviathan » (1651) traité politique où il expose le concept d'un souverain absolu pour faire cesser l'état de nature, « guerre de tous contre tous ».

c'est un tout autre droit qui s'applique : le droit positif[7], ou droit légal, celui que promulgue le pouvoir en place. Un droit moral ne sert à rien sans un pouvoir qui le fasse respecter par un droit légal, avec des tribunaux et des polices. Dans le meilleur des cas, les deux droits coïncident : le meurtre, la violence, le vol, la séquestration sont ainsi réprimés dans toutes les régions du monde.

Cependant le droit positif peut grandement s'écarter du droit moral, soit qu'il reflète en réalité une oppression instaurée par le pouvoir lui-même, soit qu'il traduise une morale autre que la morale minimale. Car même en dictature peut s'appliquer un certain droit (pour injuste qu'il soit, par exemple la Constitution soviétique garantissait un certain nombre de « droits »). A quoi bon alors un « droit moral » ?

Le droit moral, même s'il n'a pas de traduction concrète, s'instaure en juge suprême du droit légal : même s'il est impuissant à changer les choses, il montre une voie vers ce qu'il faudrait faire. C'est le côté le plus révolutionnaire du libéralisme. Nous aurons l'occasion d'examiner les injustices liées au droit positif, et les rectifications que propose le libéralisme.

Il nous faut à présent regarder ce qu'il en est de ce pouvoir, nécessaire pour sauvegarder le droit, et de sa traduction actuelle dans une organisation structurée, l'État.

Positif car il est « posé » (jus positum), il existe réellement, alors que le droit moral est théorique.

Le pouvoir désigne la possibilité, pour qui le détient, d'imposer sa volonté à autrui, par la persuasion ou par la force. Qu'on le veuille ou non, il existe bien quelque chose qui s'appelle le pouvoir. Dans les sociétés humaines, chacun a du pouvoir à son propre niveau, mais il existe le plus souvent un pouvoir politique qui est celui des détenteurs de la force sur un territoire donné, ceux qui appliquent la loi la plus ancienne, la première de toutes, la *loi du plus fort*, pour le meilleur et pour le pire.

Le libéral s'intéresse moins à la nature de ce pouvoir (monarchie, démocratie, oligarchie...) qu'à la façon dont il s'exerce. Un pouvoir légitime est un pouvoir qui agit avec justice, c'est-à-dire dans le respect du droit moral[1] de chacun – peu importe finalement qui l'exerce (roi, président, assemblée...). Un pouvoir illégitime instaure des inégalités en accordant davantage de « droits » à certains, ou moins à d'autres, en usant de la violence pour parvenir à ses fins (que ces fins soient cupides ou désintéressées, car on peut être violent par idéalisme).

Le libéralisme, qui exprime d'abord une aspiration individuelle à l'autonomie et à l'émancipation, s'est trouvé confronté au problème du pouvoir, ce Janus à double face, tantôt protecteur, tantôt oppresseur, à la fois une nécessité et un danger, qui s'incarne de nos jours dans une organisation appelée *État*.

L'histoire montre en effet comment apparaît un État[2]. Un territoire est conquis par des envahisseurs qui en prennent possession. La population est massacrée ou réduite en esclavage. Les nouveaux maîtres consolident leur conquête en installant ce qu'on peut appeler un monopole du pouvoir et de la sécurité qui vit en prélevant sur la population un tribut[3]. Le pouvoir peut s'étendre sur de nouveaux territoires, s'adoucir au cours du temps, connaître des sursauts de violence. Ses détenteurs peuvent changer, le mode par lequel ils sont désignés aussi, l'idéologie qui le justifie auprès de la population également. Mais le pouvoir est toujours là, bien visible au travers de l'État et des hommes qui le servent. L'origine violente de l'État a été un peu oubliée dans l'Occident « civilisé »

---

[1] Voir la question précédente.

[2] Voir Bertrand de Jouvenel, « Du Pouvoir » (1945).

[3] On dirait aujourd'hui une contribution, c'est l'origine de l'impôt, qui, comme son nom l'indique, est imposé.

mais il suffit de considérer l'histoire contemporaine du reste du monde pour se convaincre de cette caractéristique[4].

Nier tout pouvoir conduit à l'*anomie*, l'absence de droit, et au désordre. Avoir un protecteur qui garantit en dernier ressort notre droit moral, droit à ne pas être agressé, est indispensable. Mais qui nous protégera contre ce protecteur s'il vient à être abusif et à bafouer notre droit ? Il y a toujours eu des gens immoraux, des agresseurs, des voleurs, isolés ou en groupe, mais un État immoral (et le pouvoir qui est à sa tête) agit à une échelle incomparablement plus grande.

Car l'État, incarnation de la loi du plus fort, est la seule organisation « exorbitante du droit commun », qui s'autorise à vous imposer ses règles (les lois), ses services, ses impôts, sans jamais vous demander votre consentement. Ses crimes restent souvent impunis (penser à Hiroshima, aux camps de concentration, aux goulags, aux guerres avec les crimes et les spoliations qui les accompagnent).

Plus couramment, des groupes de pression de toutes sortes (entreprises, syndicats, lobbies, minorités, etc.), font agir la loi du plus fort à travers l'État pour obtenir des avantages indus (lois en leur faveur, privilèges, subsides). Ce qu'on appelle la « politique » est cet enjeu de pouvoir qui transforme l'État en un arbitre disposé à accorder des « droits » aux uns aux dépens des autres, comme le dénonçait Bastiat[5]. Le libéralisme est un combat permanent contre cette tendance trop facilement tolérée par un citoyen mal informé, trop docile, ou persuadé que l'État agit de façon toujours juste.

S'il n'est pas question de nier l'utilité d'un pouvoir (ce qui ne signifie pas forcément approuver l'existence de l'État), il faut cependant limiter ce pouvoir autant que possible pour qu'il ne déborde pas de sa fonction de protection du droit, la seule qui soit légitime dans un État de droit[6].

Ainsi que les luttes violentes pour acquérir le pouvoir et prendre la tête de la machine étatique.

« L'État, c'est la grande fiction à travers laquelle tout le monde s'efforce de vivre aux dépens de tout le monde. Car, aujourd'hui comme autrefois, chacun, un peu plus, un peu moins, voudrait bien profiter du travail d'autrui. » (Bastiat, « L'État », 1848)

L'état de droit (*rule of Law*), concept d'origine britannique, longuement décrit par Friedrich Hayek dans « La Constitution de la liberté » (1960), désigne la garantie des droits individuels contre l'arbitraire du pouvoir.

Plusieurs procédés ont été éprouvés à cette fin :

- le concept de *contrat social*, contrat fictif par lequel le citoyen délègue certains pouvoirs à une autorité supérieure (pouvoir législatif, exécutif et judiciaire) ;
- la *séparation des pouvoirs*, qui évite la tyrannie d'un pouvoir unique (« le pouvoir arrête le pouvoir[7] ») ;
- l'existence d'une *Constitution*, qui, sinon garantit[8], du moins *énonce* les droits imprescriptibles du citoyen (son droit moral) ;
- la *subsidiarité*, principe selon lequel, dans une hiérarchie de pouvoirs, les décisions doivent être prises à l'échelon le plus adapté (ce qui est censé éviter la centralisation excessive et diminuer la bureaucratie) ;
- le droit de sécession, seul moyen d'aboutir à une réelle décentralisation et au respect d'un sentiment d'identité commune ;
- le mode de désignation des hommes qui exercent le pouvoir.

La réalité montre que, malgré ces apports importants du libéralisme, on est très loin de la perfection : la séparation des pouvoirs n'est jamais réalisée, l'exécutif déborde tout le temps de son seul cadre d'action légitime : assurer le respect du droit moral. Même s'il ne vit pas en dictature, le citoyen est menacé par un aléa politique permanent, avec un État qui prétend déterminer l'avenir du pays, s'occuper du bien-être de tous, indiquer ce qu'on a le droit de dire ou de faire, corriger les « inégalités sociales » ou en instaurer de nouvelles, etc.

D'autres voies sont ouvertes par la société civile pour assurer une certaine sécurité en contournant ou contrecarrant un pouvoir central facilement oppressif et en même temps inefficace quand on a besoin de lui : les pouvoirs intermédiaires ou contre-pouvoirs, le recours à l'arbitrage privé, les règles propres aux réseaux sociaux (à l'heure d'Internet, le boycott d'un déviant est plus efficace qu'une action en justice contre lui).

L'anarchisme libéral en tire parti pour affirmer que les fonctions essentielles des États centraux, sécurité et justice, pourraient être complètement prises en charge par la société civile (par des associations ou des entreprises spécialisées), la raison d'être des États, en tant que monopoles de la force, n'étan

---

[7] « Pour qu'on ne puisse pas abuser du pouvoir, il faut que, par la disposition des choses, le pouvoir arrête le pouvoir » (Montesquieu, « L'esprit des lois », 1748).

[8] L'histoire de France et de ses constitutions successives montre qu'une constitution ne garantit rien, et n'est pas forcément utile (en Grande Bretagne ce sont des règles coutumières qui en tiennent lieu).

qu'historique. Certes, on peut considérer être dans l'utopie, mais le concept davantage à notre portée d'un État limité au respect du droit (selon les vœux du libéralisme classique) semble tout autant utopique, car on n'en connaît que peu d'exemples[9].

Si nous avons beaucoup parlé de liberté jusqu'ici, il reste à examiner cet autre droit moral qu'est la propriété.

On pourrait citer les États-Unis du XVIIIe siècle, si on fait abstraction de l'esclavage et es droits de douane. Comme exemples d'anarchisme libéral : l'Irlande celtique avant e XVIIe siècle, l'Islande médiévale avant le XIIIe siècle, et quelques autres.

On pourrait s'étonner que la propriété participe au droit moral au même titre que la liberté. Si les devises nationales évoquent très souvent la liberté, elles ne mentionnent jamais la propriété. Mais une société sans propriété est-elle seulement concevable ?

En dernier ressort, la propriété découle de la rareté des biens[1]. Si nous vivions dans un monde magique où nous pourrions tout obtenir par un claquement des doigts, la question de la propriété ne se poserait pas. En réalité, il n'y a pas de bien qui ne requière de notre part un effort pour l'obtenir (ou le créer s'il n'existe pas), par le *travail*.

Ce que le libéralisme affirme, c'est que celui qui, sans attenter au droit d'autrui, effectue un travail, a un droit exclusif sur le produit de ce travail, un *droit de propriété*[2]. Nier ce droit serait nier l'autonomie de la personne, ce qui peut aller jusqu'à la réduire en esclavage en la privant du fruit de son travail.

La propriété n'est pas une prise de possession symbolique et unilatérale comme lorsqu'un conquérant « s'appropriait » un territoire au nom d'un souverain : ce serait accepter aveuglément la loi du plus fort. C'est le travail qui justifie la propriété à son origine.

Le produit du travail peut être échangé sur un marché : c'est le commerce. Le droit du travailleur sur le produit de son travail peut aussi être échangé : c'est un échange dans la durée, qui se traduit souvent par un contrat, par lequel le produit du travail est transféré à un autre bénéficiaire. Ce type d'échange prend de nombreuses formes, rémunérées (travail salarié, contrat de service) ou non (entraide, prestations bénévoles). Nous reviendrons sur la nature de l'échange et l'intérêt de la monnaie pour ce faire.

La propriété peut être collective : un groupe de personnes se partagent un droit sur une ressource (copropriété, entreprise, association) selon différents critères consentis.

---

[1] C'est David Hume qui fait dériver la justice de la rareté dans son « Traité de la nature humaine » (1740).

[2] « Tout ce qu'il [l'homme] tire de l'État où la nature l'avait mis, il y a mêlé son travail et ajouté quelque chose qui lui est propre, ce qui en fait par là même sa propriété. » (Locke, « Deuxième traité du gouvernement civil », 1690).

Un droit de propriété est moins un droit sur un objet matériel ou sur un résultat que le droit d'établir quels comportements sont légitimes : ainsi un locataire, un usufruitier, un actionnaire sans droit de vote ont des droits restreints sur les biens détenus par d'autres. La propriété n'est pas donnée en bloc, c'est un concept souple qui se prête à toutes sortes de divisions, d'échanges et de concessions à l'initiative des propriétaires.

La propriété donne un pouvoir, certes. Aussi, elle ne doit pas contrevenir aux autres droits moraux (on ne peut tuer quelqu'un du seul fait qu'il enfreint votre propriété – hors cas de légitime défense, bien sûr). Ma propriété (tout comme ma liberté) limite la liberté des autres. En même temps, j'affirme par ce droit une volonté d'interagir avec les autres, par l'échange (ou le don), plus enrichissante (dans tous les sens du terme) qu'une liberté négative autarcique. En fait, la propriété est révolutionnaire : « la propriété, c'est la liberté[3] » !

Les libertariens regroupent d'ailleurs liberté et propriété sous un seul concept : celui de *propriété de soi-même*[4]. Chacun est « propriétaire de sa propre personne », et partant du produit de son travail et de ce qu'il acquiert par l'échange libre. Nous sommes donc tous propriétaires (au moins de nous-mêmes[5]), et il ne tient qu'à nous, si nous le souhaitons, de travailler à maintenir ou agrandir notre propriété.

Un corollaire important de la liberté et de la propriété est la responsabilité. Chacun est responsable de ses actions, des décisions qu'il a prises, des obligations qu'il a contractées volontairement, des dommages (même involontaires) causés par lui-même ou sa propriété. C'est une conséquence directe du principe de non-nuisance. Liberté, propriété et responsabilité forment les trois piliers indissociables du libéralisme[6].

C'est ce qu'écrit Proudhon en 1849 dans les « Confessions d'un Révolutionnaire », en contrepoint à son célèbre « la propriété c'est le vol », slogan contradictoire (le vol présupposant la propriété).

À la suite de Locke qui écrit en 1690 : « tout homme possède une propriété sur sa propre personne ». Le « niveleur » Richard Overton exprime la même idée dans son pamphlet « *An arrow against all Tyrants* » (1646).

La propriété du corps est contestée : pour certains le corps est inaliénable, il ne peut être objet de propriété (car il ne peut être acquis ni abandonné), pour d'autres on peut faire usage de son corps comme on l'entend, la propriété du corps équivaut seulement à la non-agression.

Voir Pascal Salin (« Libéralisme », 2000) qui développe longuement cet aspect.

Un problème épineux pour les libéraux reste celui de l'acquisition originelle de la propriété. Le paysan a droit au fruit de son travail (la récolte), qui est une plus-value qu'il a apportée à son champ, mais qu'en est-il du champ lui-même et plus généralement de tout ce qui nous est donné par la nature sans travail ? Peut-on s'approprier une étendue sans propriétaire et l'exploiter simplement parce qu'on est le premier arrivé ? Certains affirment que oui (car la première mise en valeur justifie la propriété), d'autres proposent des mécanismes de compensation parfois complexes. Robert Nozick[7], à la suite de Locke, affirme que l'appropriation initiale ne devrait pas dégrader la situation des autres personnes[8] (mais comment s'en assurer ?). Les géolibertariens affirment un droit égal à la terre (de même à l'eau, l'air, la mer...) : les propriétaires de ressources naturelles devraient donc, par compensation, s'acquitter d'un impôt sur leur production ou d'une rente foncière, ce qui requiert un système de répartition ou un État dont on s'était passé jusqu'ici.

Qu'en est-il de l'État, justement, et en quoi est-il concerné par la propriété ? Sa fonction de garantie du droit ne lui permet normalement de n'intervenir que pour indiquer le juste (par la loi) et rectifier l'injuste (par la force). Il est important de comprendre que la propriété ne résulte ni d'un droit qui serait octroyé par un souverain[9], ni même d'un consensus social. Elle existait comme droit naturel bien avant qu'un État existe.

On peut alors se demander si l'État n'abuse pas trop souvent de sa position de force pour attenter à la propriété par l'impôt, les monopoles, les expropriations, voire par la notion de « propriété publique » et de « biens publics[10] ». Et si la démocratie a quelque chose à voir avec cet état de choses.

---

[7] Dans « Anarchie, État et utopie » (1974).

[8] On appelle cela la « clause de réserve » de Locke. Nozick se demande également si on ne devrait pas limiter le droit de propriété à la plus-value tirée du bien naturel par le travail, plutôt qu'au bien lui-même.

[9] Avec la fin de la féodalité, le « domaine éminent » du seigneur, expression du droit du plus fort, disparaît pour céder la place à la propriété naturelle (« domaine utile ») du vassal. Voir Henri Lepage, « Pourquoi la propriété » (1985).

[10] La « théorie des biens publics » affirme que certains biens ou services ne peuvent être gérés que par l'État.

Le libéralisme semble intrinsèquement lié à la démocratie, et le terme de émocratie évoque généralement des idées de liberté. Cependant, la démocra-e n'est pas forcément libérale : la démocratie antique excluait les esclaves et 's femmes ; les démocraties « populaires » oppressaient le peuple ; la démo-atie allemande a permis l'avènement d'Hitler en 1933. La « démocratie totali-aire[1] » n'est hélas pas un oxymore.

Car la démocratie politique n'est pas une promesse de liberté, malgré ce que euvent en dire les politiciens : *ce n'est qu'une façon de désigner qui exerce le ouvoir suprême[2]* et comment ce pouvoir doit être exercé. C'est un progrès par apport aux doctrines autoritaires qui permettent à une avant-garde de rendre le pouvoir (ou à une arrière-garde de le conserver) et d'imposer sa olonté à la majorité des gens. Il n'en reste pas moins que tout pouvoir est por- aux abus, et le pouvoir démocratique n'y échappe pas. Le libéralisme im-ique un pouvoir limité que la démocratie ne procure pas forcément, l'histoire a assez montré et l'actualité le montre encore, y compris dans les démocraties tes libérales.

Précisément, une démocratie libérale est un régime qui respecte l'état de oit, c'est-à-dire qui assure les droits moraux des personnes : liberté, proprié-, et qui ne va pas au-delà. Ce n'est pas un absolutisme démocratique, une *ty-nnie de la majorité,* selon le mot célèbre de Tocqueville[3]. Ce ne peut être un anc-seing donné à un État pour intervenir hors de sa sphère d'action. Que ppresseur soit un roi, un empereur ou le « peuple souverain » ne change rien la condition des sujets qui le subissent.

Il faut reconnaître que cet idéal de la démocratie libérale a en partie disparu ns les démocraties actuelles.

L'État requiert un gouvernement à sa tête, et pour son action des ressources urnies par les citoyens. L'impôt, dû par chacun à proportion de ses revenus[4], t normalement destiné à permettre à un État minimal de fonctionner. Mais le

---

'expression se trouve chez Jouvenel, Hayek et de nombreux auteurs.
ouvoir exécutif et législatif, parfois aussi judiciaire (s'il y a élection des juges).
La démocratie en Amérique », 1835.
.'impôt progressif, préconisé par le marxisme (Manifeste du parti communiste, 48), est condamné par tous les libéraux.

périmètre de l'État s'est considérablement accru au fil du temps : outre sa fonction primaire de sécurité (police et justice), il s'occupe d'économie, d'enseignement, de santé, de transports, d'énergie, de culture, de logement, de bienfaisance, etc. Il est entrepreneur, actionnaire, producteur, mécène, assureur, banquier, médecin, professeur, avec peu de succès[5].

L'État ne devrait pas être un moyen pour une partie de la population d'en agresser une autre. C'est pourtant ce qui se passe, car ceux qui bénéficient des privilèges ou des largesses de l'État ont voix au chapitre autant que ceux qui contribuent[6] ; la démagogie électorale aidant, on trouve toujours de nouveaux prétextes à prélèvements ou à réglementations. On a même réussi à endetter les générations futures sans leur demander « démocratiquement » leur avis !

C'est alors une espèce de lutte des classes[7] qui s'instaure entre ceux qui ont les faveurs du pouvoir (ou de la technocratie aux commandes du pays) et ceux qui, impuissants politiquement, ne peuvent qu'en subir les conséquences. Car l'État n'est pas un acteur social comme les autres[8] : détenteur du monopole de la force, il a de nombreux moyens de coercition à sa disposition, le principal étant la loi, le droit positif, capable de mettre « *la force collective au service de ceux qui veulent exploiter, sans risque et sans scrupule, la personne, la liberté ou la propriété d'autrui*[9] ».

On aboutit à une espèce de dictature molle dans laquelle le citoyen ouvre le journal chaque matin pour apprendre de quelle façon les hommes de l'État ou les politiciens vont encore réduire ses libertés ou décider à sa place sur des sujets qui le concernent. Il soupire en se répétant le mot de Churchill : « *la démocratie est le pire des régimes - à l'exception de tous les autres déjà essayés de temps à autre dans le passé*[10] ».

---

[5] Dans « Vers une société sans État » (1971), David Friedman affirme que tout ce que fait l'État coûte deux fois plus cher que l'équivalent dans le privé.

[6] Le suffrage censitaire avait été instauré pour éviter cet écueil. Le principe « un homme une voix » ne devrait s'appliquer qu'aux sujets d'intérêt commun.

[7] La notion de « lutte des classes » est d'origine libérale et permet d'analyser finement les rapports sociaux. Le marxisme se l'est appropriée en en changeant le sens.

[8] La « théorie des choix publics » analyse les actions étatiques à partir du comportement des politiciens et des fonctionnaires, qui comme tout un chacun agissent dans leur propre intérêt, mais avec un argent qui n'est pas le leur.

[9] Frédéric Bastiat, « La Loi » (1850).

[10] Cette citation, souvent tronquée, est donnée ici in-extenso. Elle n'affirme donc pas que la démocratie soit le régime définitif, ni le meilleur. Les libéraux soulignent différe

La critique libérale d'une démocratie non libérale est donc d'ordre éthique. a démocratie n'est pas une fin en soi : quand elle dépasse ses prérogatives, elle ntrevient au principe de non-nuisance. D'un point de vue utilitariste, elle ne availle alors pas au bien commun, elle déstabilise la société en privilégiant ntôt les uns, tantôt les autres, au gré des élections. Les partisans du contrat cial rousseauiste ont beau jeu de prétendre que le peuple a en quelque sorte droit de « s'enchaîner lui-même », ils ne font qu'ouvrir la voie au totalita- sme : « *il est facile à l'autorité d'opprimer le peuple comme sujet, pour le forcer manifester comme souverain la volonté qu'elle lui prescrit*[11] ». Il ne reste plus citoyen que la révolte, l'exil ou la *désobéissance civile*[12].

Des libéraux tels que Hayek[13] ont proposé des moyens de limiter les dérives la démocratie[14] dans le cadre d'un État minimal.

L'anarchisme libéral, dans son utopie, règle la question de la démocratie par e séparation des pouvoirs poussée à son extrême, tout monopole du pouvoir oli. Il n'y a alors pas une démocratie unique mais de multiples démocraties us la forme de copropriétés ou d'associations, ainsi que des entreprises qui ndent des services de police et de justice équivalents à ceux d'un État. C'est la *ibre concurrence en matière de gouvernement*[15] », le véritable pluralisme poli- jue, car « *le monopole d'un gouvernement ne saurait valoir mieux que celui ine boutique d'épiceries*[16] ». Le risque est la réapparition toujours possible nstances coercitives hégémoniques : « le prix de la liberté, c'est la vigilance ernelle », disait Thomas Jefferson.

Certains pensent qu'Internet peut contribuer à une réelle démocratie, une mocratie participative qui remédie aux défaillances de la démocratie repré- ntative actuelle, un pouvoir qui s'auto-organise de façon ascendante (*bottom- plutôt que *top-down*), ses acteurs étant soucieux de préserver leur liberté

---

ites contradictions propres à la démocratie : théorème d'Arrow, théorème de ecteur médian, paradoxe de Condorcet, etc.

3enjamin Constant, « Principes de politique » (1815).

Titre d'un essai de Henry David Thoreau (1849).

Dans « La Constitution de la liberté » (1960), livre de référence de Margaret That- er.

C'est-à-dire ici l'accroissement des pouvoirs de l'État.

D'après l'écrivain belge P.E. de Puydt, inventeur de la « panarchie » (1860). Voir vw.panarchy.org.

iustave de Molinari, « Les Soirées de la rue Saint-Lazare ».

tout en recherchant par leurs interactions un bien commun[17]. Il est encore trop tôt pour juger si ce concept peut renouveler l'idée de démocratie.

Les auteurs libéraux, bien qu'ils voient la démocratie libérale comme une condition de la paix civile[18], témoignent d'une méfiance constante envers un pouvoir démocratique qui risque de rendre chacun esclave d'une majorité[19]. Il ne faudrait pas en conclure trop vite que le libéralisme ait une allergie marquée envers tout ce qui est collectif.

---

[17] Voir par exemple Thierry Crouzet, « Le peuple des connecteurs » (2006).

[18] « La démocratie, c'est cette forme de régime d'un État qui, sans combat violent, permet au gouvernement de se conformer aux désirs des gouvernés. » (Ludwig von Mises, « Libéralisme », 1927).

[19] Ainsi exprimée par Pierre Lemieux (« L'anarcho-capitalisme », 1988) : « L'État démocratique viole les droits individuels parce qu'il impose aux citoyens un statut d'esclaves de la collectivité, c'est-à-dire de l'État. »

On reproche fréquemment au libéral son individualisme, son incapacité à comprendre ou à accepter le collectif. La société serait pour lui une addition d'atomes individuels qui vivent pour eux-mêmes, indifférents à leur voisin.

Pourtant le libéral ne nie pas que l'homme soit un « animal social ». C'est dans notre relation à autrui, de l'enfance à l'âge adulte, que nous acquérons notre autonomie, émergeons en tant que personne et dépassons le stade d'un insecte social comme l'abeille, dont la vie n'a pas de sens hors de la ruche.

Pour le libéral, tout groupement de personnes n'est qu'une dénomination commode[1]. Un collectif n'est pas un être en soi, on ne peut le percevoir sans percevoir ses membres, et son action n'a d'autre explication que le sens qu'elle a dans l'esprit de chacun de ses membres. Le groupe n'est pas quelque chose qui transcende ses membres[2]. L'individu n'est ni supérieur ni inférieur au groupe, puisque le groupe est précisément constitué d'individus, égaux en droit. Le libéral est donc favorable à toute association entre les hommes et voit dans la coopération sociale une condition de progrès, à condition que le collectif ne prétende pas se substituer à l'individu dans ses choix personnels[3].

Selon le principe libéral, seules sont légitimes les associations fondées sur le consentement de leurs membres et qui respectent le droit d'autrui[4].

La société civile se compose d'un grand nombre de sociétés formelles ou informelles, à but lucratif ou non, qui toutes ont leur raison d'être : associations, entreprises, syndicats, coopératives, mutuelles, églises, confréries, clubs, fondations, communautés, corporations, etc. Il n'y a pas de limite à l'imagination sociale.

---

[1] Selon le point de vue « nominaliste », qui s'intéresse davantage à la réalité des entités qu'à leur dénomination, qui n'est qu'une convention.

[2] Comme le prétend le « holisme », qui voit le tout social comme une réalité supérieure. De même quand nous parlons ici de l'État, nous devrions souvent dire plutôt les hommes de l'État ».

[3] Notons que selon le théorème d'Arrow (1951) il est impossible d'agréger les choix individuels en un choix collectif cohérent.

[4] Car une association de malfaiteurs n'est pas légitime. Pour les anarchistes libéraux, cela s'applique aussi à l'État.

Ainsi, rien n'empêche, en régime libéral, un communiste convaincu de créer une communauté communiste pour prouver le bien fondé de ses opinions (la cellule familiale, où prévaut la mise en commun des biens, n'est-elle pas *ipso facto* communiste ?). Curieusement, la plupart des communistes réclament le pouvoir pour imposer de force leurs vues : cela montre le peu de cas qu'ils font du consentement de l'individu (et l'impossibilité pratique d'imposer le communisme autrement que par la violence).

Le collectivisme (au sens le plus général : l'affirmation de la supériorité du collectif sur la personne) raisonne à partir d'entités abstraites auxquelles il prête une existence indépendante de celle de ses membres, une volonté, des besoins ou des aspirations – ce qui, soit ne correspond à rien de réel, soit est un moyen de justifier les pires atteintes aux droits individuels. Il a du mal à percevoir la différence entre association volontaire et association coercitive (même si, assez souvent, il conçoit clairement les avantages qu'il peut personnellement retirer de ce dernier type d'association).

Ainsi la *nation*, en tant que sentiment individuel d'appartenance à une communauté, est pour les libéraux une réalité sociale, mais pas dans le sens où elle nierait ou dépasserait l'individu. La récupération de ce sentiment (par définition subjectif, bien qu'il puisse être commun à de nombreuses personnes) qu'opèrent les politiciens au travers de l'État-nation produit le *nationalisme*[5], un type de collectivisme qui est coercitif tant envers les étrangers qu'envers les citoyens. Cela se traduit entre autres par des mesures de « protection » ou des lois sur l'immigration qui contreviennent à la liberté de circulation des personnes. L'État tente de favoriser les « nationaux » par rapport aux « étrangers » croyant faire leur bien, mais ne réussit ainsi qu'à les appauvrir (nous verrons dans la suite que c'est ce qui se passe avec le protectionnisme ou l'État providence).

D'un point de vue utilitariste, la coopération entre individus produit toujours de meilleurs résultats que la contrainte ou la hiérarchie, dès que le but est bien clair et que chacun agit consciemment dans son propre intérêt[6].

---

[5] Dans le sens d'une idéologie qui affirme la primauté de l'intérêt de la nation sur toute autre considération.

[6] Les animaux (autres que les insectes sociaux) sont amenés à coopérer spontanément sans coercition ni hiérarchie (et sans que leur survie en dépende comme dans la symbiose). Un exemple bien connu est celui des nuées d'oiseaux en vol (voir Crouzet, op cit, sur les travaux de Craig Reynolds).

8 – Et le collectif, qu'en faites-vous ?

C'est une constante de la pensée libérale[7] que d'insister sur le fait qu'il n'y a pas besoin de sacrifier l'individu au collectif pour mener à bien tout projet commun. On pourrait même avancer que l'individualisme est un facteur de cohésion de la société : l'égoïsme bien compris de chacun le porte à coopérer avec autrui[8], ce qui rend *inutile et incertaine* (si ce n'est nuisible au plus haut point) toute théorie collectiviste.

Chez Mandeville (le bien commun résultant de la licence), Smith (la main invisible), Hayek (l'ordre spontané), Bastiat (les harmonies économiques), etc.
Voir l'œuvre de Robert Axelrod, « L'évolution de la coopération » (1984) et sa version itérative du dilemme du prisonnier sur l'intérêt de coopérer.

L'État n'est pas fondé sur des motifs éthiques, mais bien plutôt sur le besoin égoïste de chacun d'assurer sa sécurité en s'en remettant à un pouvoir qui le protège[1]. Il n'y a donc aucune raison de tolérer les prétentions éthiques de l'État (autres que celles qui relèvent de l'éthique minimale libérale) et les interventions qui en résultent.

Non seulement on ne peut pas faire le bien des gens malgré eux, car on est incapable de définir ce « bien », qui est une affaire personnelle, mais on risque ce faisant d'aboutir au résultat inverse, *i.e.* leur nuire ou les déresponsabiliser.

On ne peut que laisser aux personnes le maximum de liberté pour œuvrer dans le sens qu'elles veulent[2]. Agir autrement serait prétendre être supérieur au citoyen et mieux savoir que lui ce qui est bon pour lui. Or c'est là une attitude constante des pouvoirs de droite comme de gauche, déjà fustigée en son temps par Frédéric Bastiat : « *trop de gens se placent au-dessus de l'humanité pour la régenter, trop de gens font métier de s'occuper d'elle.*[3] »

Une législation liberticide prétend souvent combattre un « vice » plus ou moins grave (la mauvaise hygiène de vie, la tabagie, la drogue, la pornographie, la prostitution, le négationnisme, etc.). Or, d'une part, « les vices ne sont pas des crimes[4] », ou sont des crimes (ou délits) sans victimes, ce qui revient au même. D'autre part, *forcer* les gens à être vertueux par la loi ou la répression n'est pas faire preuve de vertu. Le plus étonnant, en démocratie, est qu'on prétend imposer sa propre conception du bien et apprendre comment elles devraient se comporter à des personnes jugées cependant assez responsables pour avoir le droit de voter[5] et d'influer ainsi sur les destinées de leur pays.

Le paternalisme d'État se fonde sur une morale positive, ou sur une notion vague de la « dignité humaine ». Partagé ou non par une majorité, ce point de

---

[1] Selon la thèse d'un contrat social légitimant le pouvoir. La thèse de l'État prédateur (voir question 5), aboutit au même constat quant à l'éthique (ou l'absence d'éthique) de l'État.

[2] Cela ne s'applique pas aux personnes non autonomes (enfants, handicapés mentaux...)

[3] Bastiat, « La Loi » (1850).

[4] Titre d'un ouvrage de Lysander Spooner (1875).

[5] Et d'élire ceux-là mêmes qui veulent les brimer par la loi.

vue conduit au contrôle de multiples aspects de nos vies, en interdisant des activités ou des choix personnels légitimes[6]. Il ignore les critères libéraux du consentement[7] et de la non nuisance à autrui. Il procède de l'intolérance. « Un homme libre doit pouvoir supposer que ses semblables agissent et vivent d'une façon différente de celle qu'il estime être la bonne, et il doit perdre l'habitude d'appeler la police dès que quelque chose ne lui convient pas.[8] »

C'est sans doute dans le domaine de la liberté d'expression que le pouvoir tend à s'éloigner le plus de l'idéal libéral.

Détention d'armes, adoption d'enfants, vente d'organes, sado-masochisme, voire lancer de nains, etc.

Consentement éclairé, ce qui suppose une information correcte.

Mises, « Libéralisme » (1927).

Liberté de conscience, de pensée, de s'exprimer, liberté de la presse : autant d'acquis du libéralisme qui semblent aller d'eux-mêmes. Il a fallu cependant attendre des siècles avant qu'ils s'imposent[1] et qu'on admette la nocivité du délit d'opinion[2].

Car beaucoup pensent encore qu'il y a des limites à ce genre de libertés, et les lois existantes en témoignent : délits d'incitation à la haine, d'apologie du crime, de révisionnisme[3], de diffamation, d'offense, « droit à l'image », « droit de réponse », etc. La censure ne sévit pas que dans les États totalitaires.

Il y a bien une limite naturelle à la liberté d'expression, la seule : c'est la propriété d'autrui. Ecrire un message ou coller des affiches sur le mur du voisin sans sa permission n'est pas exercer correctement sa liberté d'expression. Le propriétaire d'un média quelconque est seul juge du contenu qu'il veut diffuser dont il est moralement responsable. Il est peut-être regrettable qu'un journaliste, en dépit de la liberté d'expression, ne puisse écrire tout ce qu'il pense (à moins d'être propriétaire de son journal ou d'avoir carte blanche du propriétaire), mais il serait encore plus regrettable de n'avoir pas de journaux du tout.

Les idées et leur expression ne lèsent personne, sauf à admettre l'existence d'un improbable *délit moral* qui irait contre un « ordre moral » encore plus improbable. On retrouve la confusion entre éthique et droit entrevue dans le paragraphe précédente. Le droit n'a que faire de considérations éthiques hors de l'éthique minimale dont il est l'expression.

D'un point de vue conséquentialiste, la censure aboutit au contraire de l'effet recherché. Les opinions réprimées restent dans la clandestinité, font des martyrs à la cause et il est bien plus difficile de les combattre moralement (ou au moins d'en discuter) que si elles étaient exprimées au grand jour.

---

[1] Les premiers écrits en faveur de la liberté d'expression datent du XVIIe siècle (Milton, Spinoza, Locke) et du XVIIIe siècle (Montesquieu, Voltaire).

[2] Concerne une opinion qui est condamnée parce qu'elle déplaît à un pouvoir. Parmi les victimes célèbres : Socrate, le Christ, Galilée, etc.

[3] Ou négationnisme : contestation de l'existence ou de l'ampleur réelle des crimes nazis. Il n'y a pas d'équivalent pour les crimes communistes, étrangement.

Le combat des idées n'a pas besoin de lois spécifiques, sans quoi plus rien n'empêcherait le pouvoir en place d'en profiter pour museler toute opposition. Car être tolérant ne signifie pas se taire : « la tolérance n'est point l'indifférence, elle n'est point de s'abstenir d'exprimer sa pensée pour éviter de contredire autrui, elle est le scrupule moral qui se refuse à l'usage de toute autre arme que l'expression de la pensée[4] ».

On peut estimer que ceux qui nient les évidences historiques, qui font preuve de haine ou de racisme[5], qui s'adonnent à la calomnie, au mensonge ou à l'injure, tout comme ceux qui pratiquent le terrorisme intellectuel[6] dans la légalité, se condamnent eux-mêmes moralement. Les condamner légalement suppose implicitement que le citoyen est assez faible, immature ou vicieux pour être influencé par leurs idées. En ce cas, l'État, supposé meilleur, sera de plus en plus tenté de le prendre en main dans tous les aspects de sa vie et de devenir totalitaire.

Cependant, tolérer une opinion qui en réalité a besoin de la force pour exister est aussi illégitime que réprimer une autre opinion par la force. Aussi l'État ne devrait en rien subventionner la presse, les médias, les églises, les associations ou les partis. La liberté d'expression ou le pluralisme n'impliquent pas que le contribuable doive payer pour des opinions qu'il désapprouve, ce qui serait clairement attenter à sa liberté. L'État devrait donc respecter une neutralité absolue en ce domaine, ce qu'il fait rarement.

Les débats récurrents sur la laïcité témoignent de ce manque de neutralité. Autant les atteintes aux droits pour des raisons religieuses doivent être réprimées, autant une religion doit pouvoir s'exprimer pacifiquement quels que soient ses signes extérieurs ou ses coutumes, tant que le droit d'autrui est respecté.

La liberté d'expression est une chose, la pertinence ou la qualité des opinions en est une autre. A notre époque, l'information est surabondante et la façon dont elle est commentée ou présentée très diverse. Il devient difficile de garder un esprit critique face à un État ou des médias qui permettent certes de se former une opinion, mais peuvent devenir des « *fabriques du consentement* » incli-

---

Jean-François Revel, « Contrecensures » (1966).
Sans violence directe contre les personnes ou les biens, bien entendu.
Ensemble de procédés d'intimidation qui tendent à empêcher l'expression de vérités gênantes.

nant à la manipulation, selon l'avertissement de Walter Lippmann[7]. Rien (si ce n'est une dictature) n'est pire qu'une démocratie dans laquelle le citoyen est appelé à trancher à partir de données erronées ou biaisées, présentées tendancieusement.

---

[7] « Stratégiquement placé, souvent contraint de choisir entre la sauvegarde de son ins titution et la sincérité à l'égard du public – deux idéaux également puissants et contra dictoires –, l'homme public est amené à décider de plus en plus consciemment quel faits, dans quel cadre et sous quelle forme, il laissera à la connaissance du public. Qu la fabrique du consentement puisse être grandement améliorée, personne n'en doute je pense. Les possibilités de manipulation ouvertes à quiconque comprend le processu [de formation de l'opinion publique] sont assez claires. » (« Public opinion », 1921 chap. XV)

On réduit trop souvent le libéralisme au « libéralisme économique », que certains voient comme une idéologie imposée à la population, cause de tous ses
maux. On oublie les autres aspects du libéralisme (vus dans les questions pré-
cédentes), pour ne garder que cet aspect-là, tant la propriété d'autrui suscite
intérêt...

Pourtant l'économie n'est pas un domaine où les principes libéraux seraient
plus valables ou moins valables qu'ailleurs, car l'économie relève aussi de la vie
en société, et le principe libéral de liberté tempérée seulement par la non-
agression d'autrui y reste constamment valide.

L'économie libérale découle des principes de liberté et de propriété, et de la
possibilité d'échange libre dans le respect de ces principes : le *laissez-faire*[1] ou
libre-échange. On échange ce qu'on possède avec qui le veut bien.

L'acteur de l'économie est en dernier ressort l'individu, non pas un être
théorique construit par les économistes[2], mais une personne concrète qui agit
selon ses connaissances (et son ignorance[3]), en fonction de ses besoins et de ses
désirs. C'est de la façon dont cette personne concrète agit que peuvent être tirés
les enseignements économiques[4], et non pas de statistiques sur des agrégats,
de modèles abstraits ou d'une analyse impersonnelle des faits économiques, qui
serait pseudo-scientifique. La méthode expérimentale ne peut s'appliquer en
économie, qui n'est pas une discipline déterministe[5].

L'échange n'est pas une obligation, mais l'être humain s'est vite aperçu des
avantages à coopérer et à échanger avec autrui. De là ce qu'on appelle la *divi-*

---

[1] Laissez faire, laissez passer, le monde va de lui-même », formule de l'économiste
Vincent de Gournay (1712-1759) en faveur de la liberté du commerce du blé, réclamée
aussi par Condorcet : « la liberté préviendra les disettes réelles » (« Lettres sur le
commerce des grains », 1774).
[2] Tel l'homo œconomicus de la théorie d'économie néoclassique, schéma de comportement de l'être humain utilisé comme modèle mathématique.
[3] De façon pédante : « asymétrie d'information ».
[4] Position de l'individualisme méthodologique de l'Ecole autrichienne : « praxéologie »
(étude de l'action humaine) chez Mises, « catallaxie » (science des échanges et ordre
spontané qui en résulte) chez Hayek.
[5] Ni même une science pour certains (Karl Popper).

sion du travail[6], qui amène chacun à se spécialiser dans ce qu'il sait le mieux faire plutôt que de mener une existence autarcique qui l'obligerait à subvenir seul à tous ses besoins.

Un lieu d'échange, réel ou virtuel, est un *marché*[7]. La *valeur* de ce qui est échangé n'est pas intrinsèque à la chose, mais surgit de l'échange, de l'accord du vendeur et de l'acheteur, qui trouvent chacun intérêt à participer à l'échange[8].

Ce qu'on appelle parfois « loi de l'offre et de la demande » est le résultat de la confrontation de multiples intentions d'achat ou de vente : chaque acteur d'un marché cherchant à acheter ou vendre au mieux de ses intérêts, il en résulte un *prix* sur ce marché[9]. Ce prix est une information précieuse, c'est un jugement de valeur qui permet à tous les acteurs de prendre des décisions[10]. Dans la démocratie des acheteurs, le prix est le résultat d'un vote pour un produit ou pour un vendeur[11]. Les « élus » seront à terme ceux qui prospéreront sur le marché, car choisis par les acheteurs : c'est le jeu de la concurrence[12], inhérente au marché libre, processus dynamique de découverte par comparaison entre elles des diverses offres.

L'entreprise est un acteur essentiel, ou plutôt un ensemble d'acteurs humains (employés, dirigeants, actionnaires, prestataires) liés contractuellement impliqués dans l'entreprise avec des motivations différentes, mais dont l'association concourt à produire des biens ou services offerts sur un marché. Sauf quand elle bénéficie d'un monopole de droit[13], l'entreprise est une entité vivante qui doit évoluer en fonction de la concurrence et de la demande[14].

---

[6] Décrite par Adam Smith (« Richesse des nations », 1776).

[7] Au sens large : marché politique, où l'on échange des promesses contre des votes, marché du bénévolat où l'on « s'achète » une bonne conscience par le don, marché du travail où l'on échange travail contre salaire, etc.

[8] C'est la « subjectivité de la valeur ». La valeur dépend de l'importance accordée par le sujet à un bien à un moment donné.

[9] Il y a transaction si l'acheteur est prêt à acheter en dessous d'un prix X et le vendeur à vendre à partir d'un prix Y inférieur ou égal à X.

[10] Un prix en hausse incite de nouveaux vendeurs à entrer dans ce marché, et les acheteurs à chercher un vendeur ou un produit de substitution.

[11] La transaction concrétisée est le bulletin de vote.

[12] Jamais pure et parfaite, sauf dans les modèles mathématiques (irréalistes).

[13] Imposé par le pouvoir en place pour diverses raisons.

[14] « L'entreprise est élue tous les jours par ses clients. » (François Michelin)

Le marché, lieu d'échange, n'est pas non plus soumis au règne de l'argent : il y a évidemment des échanges non marchands, sur une base volontaire associative, locale, familiale, etc. Un marché n'est pas forcément motivé par la recherche du profit financier (mais il y a toujours pour les participants un intérêt à entrer dans un marché, qu'il soit « monnayé » ou non[15]).

Le libéral n'a donc aucune obsession économique. Il n'affirme même pas que le marché[16] soit la réponse à tous les problèmes de la société. En revanche, le marché, expression de la liberté et de la propriété, est pour lui ce qu'il y a de plus juste[17], dès lors qu'il n'est pas faussé par une intervention extérieure. Or la tendance de qui détient le pouvoir politique est de peser dans un sens ou dans un autre, en faveur de tel ou tel, pour fausser les prix, spoliant sous divers prétextes tantôt les acheteurs, tantôt les vendeurs.

Il est difficile pour beaucoup de gens de comprendre qu'en économie il n'y a pas besoin de régulation (autre qu'un cadre légal minimal résultant de l'existence d'une justice et d'une police). Les mêmes qui s'indigneraient qu'on régisse leur vie personnelle ou familiale, ou qu'on contrôle leur budget, souhaitent qu'on réglemente la vie d'autrui pour des raisons économiques (sans doute parce qu'elle échappe à leur contrôle tout en les touchant au point sensible, le portefeuille).

Les États ont longtemps eu l'illusion de pouvoir régenter la vie économique dans l'intérêt général. L'échec de la planification et du dirigisme économique, déjà prédit par Ludwig von Mises en 1920[18], provient de l'impossibilité de pouvoir recueillir toutes les informations dispersées dans le corps social (dans la tête des gens), et d'agir avec la rapidité voulue pour répondre aux besoins.

Les États ne planifient plus, mais n'en continuent pas moins d'intervenir pour satisfaire leur clientèle politique, et le protectionnisme se porte toujours bien.

On dit que l'échange est un « jeu à somme non nulle ».

Qui n'est pas une entité en soi, mais un ensemble d'interactions entre personnes. Parler du « marché » (comme parler du « peuple », du « pays ») peut conduire à toutes sortes de généralisations infondées, comme les aiment les collectivistes.

« Les libéraux ne sont pas concernés par le marché, ils sont concernés par les droits, ce qui n'est pas du tout la même chose. » (Pascal Salin, 2003)

Dans son article « Le Calcul économique en régime socialiste », il montre l'irrationalité de la planification économique faute d'un système des prix, d'échanges réels et de responsabilité.

D'ailleurs, à supposer que planifier soit possible, ce serait la fin des libertés et de l'état de droit : « *si l'État calcule avec précision l'incidence de ses actes, il ne laisse pas de choix aux individus intéressés*[19] ».

---

[19] Hayek, « La route de la Servitude » (1944), chap. VI (« le planisme et la règle de Loi »).

Le protectionnisme est la forme économique du nationalisme, une interven-on étatique prétendant aider les habitants du pays ou les entreprises natio-ales. Il s'agit de remédier à une situation économique jugée défavorable en nposant des réglementations, des contraintes administratives, des barrières ouanières, ou en accordant des subventions ou des privilèges aux entreprises ationales.

On pourrait estimer que « ça part d'un bon sentiment » et qu'il est bien natu-el de se protéger contre la concurrence, si on peut le faire. Or c'est au mieux ne erreur économique, au pire un moyen indirect de spoliation. Il suffit de iercher « à qui profite le crime ».

En effet, entraver par tous les moyens possibles l'entrée de produits étran-ers dans le pays revient à priver le consommateur de ces produits et à l'obliger acheter des produits nationaux moins intéressants ou plus chers[1]. Le bénéfi-aire est donc l'entreprise nationale qui a su si bien jouer de son influence au-rès des politiciens ou du législateur. Certes, cela permet de « sauver des em-ois », mais quelque temps seulement. Cela a surtout permis aux politiciens de ire valoir leur action, en mettant en exergue les effets positifs et en cachant s effets négatifs[2].

Frédéric Bastiat suggérait en plaisantant que les fabricants de bougies pour-ient se protéger de la concurrence déloyale du soleil en obligeant légalement s habitants à garder leurs volets constamment fermés[3]. Si l'Europe s'était pro-gée des inventions d'Edison, ces mêmes fabricants auraient prospéré... dans e Europe définitivement arrêtée au XIXe siècle[4].

Il en est de même des subventions à l'exportation, des commandes publiques ii favorisent les nationaux et de tout type d'aide aux entreprises. Cette fois

---

i ces produits étaient plus attrayants, il n'y aurait pas besoin de combattre la concur-nce étrangère. Et si le citoyen tient vraiment à soutenir l'industrie nationale, il peut faire de son propre chef.

lastiat illustre ce phénomène dans son conte de la vitre cassée (« Ce qu'on voit et ce 'on ne voit pas », 1850).

Pétition des fabricants de chandelles » (Sophismes économiques, 1845).

e qui montre bien le caractère réactionnaire et obscurantiste du protectionnisme.

c'est le contribuable qui est contraint de subventionner des entreprises bien vues par le pouvoir.

Mais si on laisse faire la concurrence sans entrave[5], sans intervention du pouvoir dans un sens ou dans un autre, ne verra-t-on pas les pays les plus compétitifs s'enrichir toujours plus et les moins compétitifs s'appauvrir ? Le principe de l'avantage comparatif[6] montre que non : même si un pays était le meilleur à tous points de vue, il serait conduit à se spécialiser sur les secteurs d'activité les plus profitables pour lui, laissant de la place à la concurrence dans les autres domaines. On le constate aujourd'hui avec les délocalisations d'activités qui, en « globalisant » les échanges, gomment les différences de coûts dans un secteur d'activité donné (quitte à ce qu'elles soient suivies de « relocalisations » si la profitabilité s'inverse).

Pour les mêmes raisons, les monopoles de droit sont un outil de spoliation d'une partie de la population en faveur des entreprises qui en profitent. En revanche, il peut y avoir des monopoles de fait, par essence temporaires : si j'invente un produit révolutionnaire, impensé jusqu'ici, et que je le commercialise, je bénéficie d'un monopole de fait légitime et d'un avantage compétitif tout le temps que ce produit ne sera pas imité, amélioré ou dépassé par un concurrent[7].

On parle parfois de « monopole naturel » : certaines activités économiques évolueraient « naturellement » vers une situation de monopole, de par la logique du marché et l'existence de coûts fixes[8]. Un tel monopole devrait selon certains être transformé en service public, et donc en monopole de droit pour éviter que le client soit « exploité ». Or le client peut aussi être exploité par un monopole public[9], et il n'y a jamais pour produire un bien une technique unique, celle du « monopole naturel », qui empêcherait toute concurrence[10].

---

[5] Appelée « concurrence sauvage » par ceux qui nient la légitimité de l'échange volontaire.

[6] Enoncé par David Ricardo, « Des principes de l'économie politique et de l'impôt » (1817).

[7] Nous verrons dans la question 16 ce qu'il faut penser des brevets.

[8] Nul ne se risquerait à creuser un second tunnel sous la Manche ou à bâtir un second réseau électrique national.

[9] Directement, par les prix, ou indirectement, par le renflouement par l'impôt des déficits du service public si celui-ci pratique des prix trop bas.

[10] On savait traverser la Manche avant le tunnel, et il y a différentes façons d'obtenir de l'électricité.

Alors que la concurrence est recherche d'information, le monopole peut être considéré comme une destruction d'information, qui conduit à des gaspillages ou à des pénuries. L'information que pourrait apporter un marché libre n'a plus d'intérêt, tant pour les victimes du monopole, puisqu'elles n'ont pas le choix, que pour ceux qui instaurent le monopole, car ils ne subissent pas les conséquences de leurs décisions.

Aussi bien le protectionnisme que les monopoles imposés par un pouvoir sont injustes. S'ils étaient justifiables par un intérêt général, l'intérêt bien compris de tous les citoyens, qu'est-ce qui empêcherait les citoyens d'agir d'eux-mêmes dans le sens de leur propre bien, sans coercition venue d'en haut ? La réalité est que tout privilège[11] (et le monopole en est un) requiert la coercition et se paye d'une façon ou d'une autre.

Que faire, et à qui s'en prendre alors en cas de difficulté économique, si même la contrainte n'aboutit pas à l'effet escompté ? Le capitalisme semble être le bouc émissaire tout désigné.

Un privilège est un avantage qui ne résulte pas d'un mérite mais qui est payé par quelqu'un d'autre sous la contrainte de celui qui dispose du pouvoir.

Longtemps l'homme, centré sur lui-même et sur son environnement immédiat, a travaillé et produit à court terme, pour survivre. Quand il est devenu possible de produire non pas pour une satisfaction immédiate mais pour échanger avec autrui en vue d'une satisfaction future, le capitalisme était né.

Le capitalisme est peut-être aussi ancien que la civilisation. On en trouve des témoignages dans le monde antique en Mésopotamie, Grèce ou Italie[1]. Il n'est pas non plus l'apanage des pays développés[2]. Pour comprendre le capitalisme, il faut examiner la nature de l'entreprise.

Une personne (ou un groupe de personnes) démarre une entreprise avec un apport initial (le capital) qui couvrira les premiers frais. Ce capital peut être une somme d'argent, mais aussi des biens matériels, un savoir-faire, des idées, des projets, des contacts. L'entreprise produit des biens ou services vendus sur le marché, ce qui permet à ses propriétaires d'espérer dégager des bénéfices.

Dans un certain sens, tout le monde est capitaliste, car chacun dispose de son propre capital humain[3] (connaissances, aptitudes, etc.).

Le *profit* est le moteur ultime de l'entreprise capitaliste. Il a un caractère résiduel : c'est ce qui reste quand tout le monde a été payé, fournisseurs, prêteurs, salariés. Il rémunère le risque pris par l'entrepreneur, il n'est jamais certain, car l'entrepreneur peut prendre de mauvaises décisions et il est toujours confronté à la concurrence.

L'entreprise, comme « machine à dégager du profit[4] », peut intéresser des personnes qui en achèteront des parts, dans l'espoir de participer aux bénéfices[5]. Pour les grandes entreprises, de tels titres de propriété (les actions) s'échangent constamment sur un marché spécifique, la Bourse.

---

[1] Voir Philippe Simonnot, « Vingt et un siècles d'économie » (2002),

[2] Pour les pays sous-développés, voir le livre de l'économiste péruvien Hernando de Soto, « Le mystère du capital » (2000).

[3] Gary Becker, prix Nobel d'économie 1992, développe ce concept dans « Human Capital » (1964).

[4] Si elle est « profitable » – car c'est une machine au fonctionnement très délicat !

[5] Ou de revendre leur part plus cher dans le futur.

On peut imaginer de nombreuses organisations humaines productrices qui
e soient pas axées sur le profit. Toujours est-il que l'intérêt personnel est un
iguillon puissant, facteur de développement. La recherche du profit par
entrepreneur caractérise le capitalisme[6].

L'entreprise n'est pas une entité en soi (sauf par la fiction juridique de la so-
été « personne morale »), c'est un nœud de contrats, un système de relations
ntre partenaires coopérant normalement dans le sens des intérêts des pro-
riétaires[7].

Tous les types d'organisation d'entreprise se rencontrent : centralisée, dé-
entralisée, en réseau, fortement hiérarchisée ou au contraire non hiérarchi-
ée[8].

On pourrait se demander pourquoi il y a des entreprises plutôt que rien (par
xemple uniquement des contrats de personne à personne, ou au contraire une
nmense entreprise unique). La réponse a été fournie par Ronald Coase[9], avec
s *coûts de transaction*. Tout échange sur un marché a un coût, car il faut con-
acrer du temps à rechercher des contrats, des partenaires, négocier, trouver
n produit au prix souhaité, c'est-à-dire en fait obtenir des informations qui ne
nt pas gratuites[10]. L'entreprise permet de réduire ces coûts d'accès au mar-
né, elle s'agrandit sous l'autorité de l'entrepreneur tant que cette réduction
es coûts se justifie et n'est pas contrebalancée par une déperdition interne (en
oordination ou hiérarchie) plus forte[11].

Même si l'entrepreneur peut avoir d'autres motivations (croissance, prestige, idéal
ersonnel). Mais une entreprise non profitable devient une association à but non lu-
ratif, ou un service public, ou disparaît par faillite.

Les propriétaires ne dirigent pas forcément l'entreprise, la gestion peut être confiée à
es managers. L'actionnaire-propriétaire reste le maître à bord, sauf dans les cas où
actionnariat est très dilué.

Visa ou Gore-Tex sont des exemples remarquables d'entreprises de ce dernier type.

Dans l'article séminal « The nature of the firm » (1937). Coase fut Prix Nobel
économie 1991.

Il en irait autrement dans un monde où nous serions tous interconnectés avec un
ccès facile à l'information qui nous intéresse (offre ou demande).

D'où la question fréquente dans les grandes entreprises : faut-il faire en interne ou
ire faire à l'extérieur, travailler avec cette entreprise ou la racheter, embaucher cette
ersonne ou contracter avec elle ?

Le capitalisme est un mode de production neutre en lui-même[12]. Il n'est libé ral que s'il satisfait au critère de non-agression. Ayn Rand le définit en ce ca comme « un système social fondé sur la reconnaissance des droits individuel. droits de propriété inclus, dans lequel toute propriété est privée[13] ».

On peut donc écarter plusieurs types de capitalismes non libéraux :

- le capitalisme d'État, avec un État propriétaire des moyens de produi tion[14] ;
- le capitalisme d'économie mixte, avec un secteur public important, et de entrepreneurs privés souvent très proches de l'État[15] (capitaux parfoi partiellement publics, proximité des dirigeants avec l'État, qui est sou vent client) ;
- le capitalisme de mafia ou de gang, qui use délibérément de la violenc physique.

L'État n'est pas un entrepreneur comme les autres, puisqu'il peut changer le règles à sa guise par la loi, imposer un monopole, voire simplement exercer de pressions ou des menaces. Le capitalisme est libéral pour autant que l'échang et le contrat prévalent sur la violence ou la loi du plus fort, que la compétitio est honnête et que la démocratie des consommateurs s'exprime sur le march sans être faussée par une intervention extérieure.

Le capitalisme entrepreneurial engendre forcément des inégalités, car so but reste la création de richesse. Ces inégalités sont légitimes tant qu'elles n résultent pas d'une agression, car chaque personne dispose d'un capital humai différent et a un « droit à la différence » qui découle de son droit moral. Con battre ces inégalités est une noble tâche, tant qu'elle ne s'opère pas par la coei cition[16].

Le capitalisme de libre concurrence n'aboutit à aucune position définitive ment acquise, car tout avantage peut être remis en question. Le plus compéten

---

[12] Ce n'est pas un « système économique », il n'implique pas non plus une économie d marché pure.

[13] Ayn Rand, « Capitalisme, l'idéal inconnu » (1966).

[14] Dans les pays socialistes (URSS, Chine maoïste, etc.)

[15] On parle parfois de « capitalisme de connivence » (*crony capitalism, corporatism*).

[16] Mais par le don, le partage, le bénévolat. Voler, même sous les meilleurs prétexte est toujours immoral.

c'est-à-dire celui qui apporte le plus aux autres, y a toutes ses chances[17]. Entraver la concurrence est davantage dans l'intérêt du « fort » que du « faible » : « les gens qui combattent pour la libre entreprise et la libre concurrence ne défendent pas les intérêts de ceux qui sont riches aujourd'hui, ils réclament les mains libres pour les inconnus qui seront les entrepreneurs de demain et dont l'esprit inventif rendra la vie des générations à venir plus agréable.[18] »

L'intervention de l'État dans la vie économique soulève une interrogation plus générale qui nous ramène à la question de la propriété. Faut-il privatiser, et que privatiser ?

---

[17] Certes, il agit dans son propre intérêt, mais l'altruiste et le philanthrope aussi, chacun ayant sa propre motivation.

[18] Ludwig von Mises, « L'Action Humaine » (1949).

La notion de propriété publique pose divers problèmes d'un point de vue libéral.

Il y a des biens qui appartiennent à tous car ils ne sont pas rares (l'air[1]), ou qui n'appartiennent à personne précisément. On peut s'approprier certains de ces biens sans en priver autrui (comme les œuvres de l'esprit). Dans d'autres cas (territoires inoccupés, biens « sans maître », en déshérence), la question de l'appropriation initiale se pose, et il n'y a pas une réponse unique[2].

La notion de propriété commune, pour les biens rares, a un sens quand sont clairement définis le propriétaire collectif ainsi que la façon dont le bien est régi. C'est le cas de la copropriété, de la communauté de biens, de l'indivision etc. Par définition, elle est inséparable de règles consenties quant à l'usage du bien, faute de quoi des abus sont inévitables[3]. Les avantages et les responsabilités sont bien définis à l'avance.

La propriété publique est différente. Elle trouve son origine dans le droit du plus fort, par exemple celui du roi ou du seigneur qui concédait autrefois un fief tout en gardant le contrôle du bien. Ce type de propriété a ensuite échu à la puissance publique.

Avec la propriété publique, qui prétend être propriété commune[4], il n'y a pas de propriétaire précis ni de responsabilité. On trouve un propriétaire de fait les hommes publics ou les fonctionnaires, et un propriétaire théorique (la population) qui n'a pas son mot à dire et subit en fait les décisions des précédents. Car le citoyen n'est pas propriétaire, sinon fictivement : il ne peut revendre sa part du bien, ni échapper aux conséquences d'une mauvaise gestion[5], ni participer aux choix.

---

[1] Sauf dans les conditions où il est rare (penser à un sous-marin) et a par conséquent un prix.

[2] Voir question 6. Il n'est pas question de trancher ce débat ici.

[3] Sans règles, on ne peut éviter la surexploitation par quelques uns : c'est la « tragédie des biens communs » (Garrett Hardin, revue Science n°162, 1968). Aristote remarquait que « ce qui appartient à tout un chacun est le plus négligé » (La Politique).

[4] Ce qu'elle n'est pas, de même que l'État n'est pas la Nation.

[5] Comme un déficit compensé par l'impôt.

Certes, il serait difficile d'obtenir une gestion directe de ces biens par l'ensemble de la population (ce qui serait la seule gestion démocratique possible), mais il y a un moyen simple d'avoir un propriétaire réel et une responsabilité : c'est de désétatiser le bien, de le privatiser. Que cela ne soit pas fait montre que le plus fort tient à garder la haute main sur son « fief », parce qu'il peut ainsi l'exploiter à sa guise, sans contrôle, voire l'étendre[6].

La propriété publique est donc une fiction qui repose en dernier lieu sur la force et non sur le travail[7] comme le voudraient les libéraux[8]. C'est « *une forme archaïque de propriété, un recul de la véritable démocratie économique*[9] ». Elle existe de fait et a une histoire, ce qui ne la légitime pas pour autant. Toutes sortes de raisons sont avancées *a posteriori* pour la justifier, notamment l'intérêt général, concept rousseauiste vague qui ouvre la voie au constructivisme[10]. Pour un libéral il n'y a pas d'autre « intérêt général » que le respect du droit de chacun, libre de chercher à atteindre ses fins dans le respect du droit d'autrui.

Désétatiser ne signifie pas qu'on remplace un monopole public par un monopole privé. Cela signifie qu'on libère le marché, c'est-à-dire l'initiative privée, éventuellement par étapes, en commençant par une déréglementation.

Une objection est que certains services « essentiels » devraient être assurés par l'État. Pourtant on trouve normal que de nombreux services parmi les plus vitaux, l'habillement, la distribution, l'alimentation[11], ne soient pas pris en charge par l'État.

Une autre objection est le risque d'exclusion des plus pauvres. Si l'on privatisait l'enseignement, les études ne seraient-elles pas réservées aux plus riches ? Cet argument ignore la dynamique du privé en jugeant inévitables toutes les rigidités que la gestion étatique introduit. On peut imaginer de nombreux dis-

---

Par l'expropriation, la réquisition, la nationalisation.

Ou la transmission par l'héritage.

Les revendications par les états de territoires inhabités ou de zones maritimes sont à cet égard typiques.

Voir Henri Lepage, « Pourquoi la propriété » (1985).

Volonté politique de construire un certain type de société, plutôt que d'assurer le droit des personnes à chercher par elles-mêmes leur bien-être individuel.

En France, le « commerce des grains », longtemps encadré par des privilèges et des prix fixes, ne fut libéré qu'en 1797, ce qui mit fin aux disettes.

positifs (dont certains existent déjà[12]) qui permettent d'étudier dans un système éducatif privé, et qui seraient mis en place par efficacité[13]. Des mesures de déréglementation[14] pourraient être un début en attendant une libéralisation totale.

On peut se demander aussi si certains services sont tellement particuliers que seul le secteur public, usant au besoin de la contrainte, puisse les fournir : ce qu'on appelle des « biens publics »[15]. D'où l'obligation de recourir à l'impôt pour payer de tels services « non marchands ». L'argument mérite attention, mais de tels biens ont longtemps été privés et on peut souvent trouver des mécanismes de financement et de contrôle. En revanche, l'extension de la notion de « biens publics » à *tous* les services de l'État est abusive.

Privatiser, ce « rêve fou[16] », est donc souhaitable, selon des modalités qu'il revient au politique de fixer.

Y a-t-il des limites à la désétatisation ? Une limite possible est celle qui mettrait en cause l'État lui-même dans sa fonction de monopole de la force. Si l'enseignement, la santé, les transports, ou même les rues[17] peuvent être privés peut-il en être de même pour la justice, la police, l'armée ? Il est certain qu'il s'agit là des derniers services concernés, et qu'il passera probablement du temps avant que l'anarchisme libéral (qui préconise cette privatisation et en décrit le résultat : lois privées, polices privées, etc.[18]) en vienne à bout.

---

[12] Bourses privées, prêts bancaires, coûts scolaires adaptés pour attirer les plus méritants, etc.

[13] Certes il n'y a pas de garantie que cela se passe ainsi immédiatement, d'où la nécessité d'une libéralisation progressive.

[14] Chèques éducation, autonomie des établissements, en France : fin de la carte scolaire.

[15] L'exemple classique est celui du feu d'artifice lors de la fête nationale : on ne peut pas empêcher d'en profiter ceux qui n'ont pas payé pour le voir. C'est ce qu'on appelle la « non-excluabilité », ou le problème du « passager clandestin ». Autres exemples : les phares en mer, la Défense nationale, la radiodiffusion, etc.

[16] » Privatiser, c'est le rêve fou du politicien : pouvoir distribuer de l'argent sans devoir le voler à qui que ce soit », voir Madsen Pirie, « La micropolitique » (1988).

[17] Sur la privatisation des rues, voir Bertrand Lemennicier, « La morale face à l'économie » (2006).

[18] Voir David Friedman, « Vers une société sans État » (1971), pour la description d'une société avec agences de sécurité privées et tribunaux privés appliquant une législation privée.

Parmi les services étatiques, il en est un qui semble être et avoir toujours été ɪ ressort de l'État et ressembler à un « bien public » : la *monnaie*.

Il n'est pas utile ici d'en retracer l'histoire : la monnaie a un avantage sur le ɔc, car elle permet des échanges impossibles autrement. Elle est indissociable ɪ la division du travail dans toute société évoluée[1].

La nature de la monnaie est la question clé, car nul n'aime être payé en ɪmonnaie de singe ». On a très longtemps utilisé comme monnaie diverses ɪarchandises, puis enfin les métaux précieux : une fois la transaction terminée, ɪacun est « quitte » car la monnaie a une valeur intrinsèque. Puis on en est ɪnu à des substituts papier plus commodes à manipuler, échangeables contre ɪe quantité fixe de métal précieux[2].

La monnaie est déposée auprès d'entreprises particulières, les banques, qui stockent et la prêtent à intérêt. L'intérêt est la rémunération de celui qui a cordé le crédit[3].

Un virage important fut la fin de la convertibilité au XXᵉ siècle[4]. La monnaie vient fiduciaire, elle n'a plus de valeur intrinsèque (pas d'équivalent en mé- ɪ), elle n'est qu'une promesse à valoir sur les biens du marché du pays qui l'a ɪise et où elle a *cours forcé*. Notons qu'on s'écarte du principe libéral, puisque ɪ monnaie est imposée[5]. La monnaie stockée dans les banques n'est plus ɪ'une information immatérielle, la monnaie scripturale.

La quantité de monnaie existant à un instant donné est en fait peu impor- ɪte tant qu'elle reste suffisamment disponible et divisible pour permettre

---

ɔir question 11.

ɪe dollar valut ainsi de 1934 à 1971 1/35ᵉ d'once d'or, soit un peu moins d'un ɪmme d'or.

'absurdité de la revendication de la gratuité du crédit a fait l'objet d'une longue ex- ɪation par lettres publiées entre Bastiat et Proudhon (1849-1850).

ɪvec la fin en 1971 du système de Bretton Woods.

ɪn n'a plus le droit de convenir du choix d'une monnaie avec son partenaire, encore ɪins de créer soi-même une monnaie et de la diffuser.

toutes les transactions[6]. Idéalement, la monnaie est un étalon de mesure, comme le mètre, sa quantité n'est que le reflet des échanges qui ont lieu[7]. Hélas, il y a toujours la tentation, pour qui le peut, de fausser l'étalon à son propre bénéfice, de manipuler la monnaie, d'en diminuer la valeur ou d'en fabriquer plus que nécessaire, pour un usage immédiat. C'est un avantage inestimable pour celui qui a le pouvoir de la créer, mais le résultat inévitable de l'inflation monétaire est la hausse des prix, qui touche tous ceux qui utilisent la monnaie, et surtout en bout de chaîne les épargnants et les plus pauvres.

Alors que les banques, comme toutes les entreprises, apparaissent naturellement par le jeu du marché libre, le pouvoir, comprenant l'intérêt de la création monétaire, s'en est d'abord réservé le monopole[8], puis en est venu à l'accorder à une seule banque, en échange d'avantages pour lui-même[9]. Cette « banque centrale » (banque des banques), avec privilège d'émission de la monnaie, prête à court terme, par des jeux d'écriture, de la monnaie fiduciaire aux banques, qui ne peuvent elles-mêmes créer de monnaie[10].

Or l'existence de la banque centrale n'est pas justifiée, pas plus que celle d'une monnaie unique dans un pays. Elle n'est qu'un monopole d'invention récente, qui n'a rien de « naturel », même quand le lien avec le pouvoir est coupé et qu'elle n'est plus forcément une machine à écouler la dette de l'État ou à faire de l'inflation, ce « *péché monétaire de l'Occident*[11] ». Elle présente toutes les tares du monopole, notamment la perte d'informations : elle ne peut connaître les emprunteurs aussi bien que les banques les connaissent, cependant c'est elle qui décide indirectement des taux d'intérêt, via son taux directeur, tau

---

[6] « La quantité de monnaie disponible dans l'économie est toujours suffisante pour permettre à chacun tout ce que la monnaie fait et peut faire. » (Mises, « L'Action Humaine », 1949). Il n'y a pas besoin, comme on le croit souvent, de créer constamment de la monnaie pour rendre possibles les échanges économiques (ou le crédit).

[7] Robinson sur son île ou des personnes vivant en autarcie n'en ont pas besoin.

[8] Les rois et les seigneurs « battaient monnaie ».

[9] Tels que la possibilité d'emprunts à taux privilégiés. C'est l'origine de la Banque de France ou de celle d'Angleterre.

[10] Autre que la monnaie scripturale pour les prêts accordés à leurs clients, monnaie créée lors du prêt (création limitée par le ratio de réserves), détruite lors du remboursement.

[11] Titre d'un livre de Jacques Rueff (1971). Pour Henry Hazlitt c'est un « opium du peuple » (« L'Economie politique en une leçon », 1949).

unique dont la fixation n'a rien d'objectif[12]. Son rôle de prêteur en dernier ressort (puisqu'elle seule peut créer de la monnaie) est ouvert à tous les abus, car
sous la pression politique, ou sous la pression des banques elles-mêmes[13], la
banque centrale renfloue par le crédit les établissements irresponsables et
augmente le « risque moral », la prise de risque inconsidérée, aboutissant à
l'effet inverse de celui qui était recherché[14]. Comme toujours, les ignorants met-
tront en cause le libéralisme, alors que c'est bien l'étatisme qui instaure
l'irresponsabilité et l'instabilité.

La banque centrale, devenue indépendante du pouvoir (au moins formelle-
ment), devient facilement la cible de toutes les critiques politiques. En tant que
monopole de droit (public ou privé, cela importe peu) elle a une mission impossible, de même nature que celle d'un planificateur central : assurer le développement économique en fixant l'évolution à court terme des moyens de paie-
ment, ce qu'elle ne peut pas faire[15].

En réalité, la monnaie est un bien économique comme un autre. On pourrait
tout à fait laisser les banques créer elles-mêmes leur propre monnaie. Elles en
définiraient la valeur faciale comme elles le souhaiteraient (par rapport à un
métal précieux, un indice des prix ou une autre monnaie) et ceci par contrat
avec leurs clients. La garantie de la valeur éviterait l'inflation[16]. Elles auraient
tout intérêt à se coordonner entre elles sans pour autant imposer une monnaie
unique ni passer par une banque centrale.

Friedrich Hayek préconisait de « remplacer le monopole actuel des hommes
de l'État sur la production de monnaie par la libre concurrence entre des

---

[12] C'est la prétendue « politique monétaire », qui ressemble à un numéro
d'illusionniste : « si je vous ai semblé excessivement clair, c'est que vous devez avoir
mal compris ce que j'ai dit. » (Alan Greenspan en 1987)

[13] Brandissant la menace de la faillite pour arriver à leurs fins.

[14] « Lorsque le prêteur en dernier ressort existe (pour éviter le risque systémique, pré-
tend-on), c'est une incitation à prendre trop de risques. (...) On va mutualiser le coût du
risque tandis que les profits vont rester individuels. La conséquence de cela est précisément que cela crée un risque systémique, car on incite les banques à prendre trop de
risques. » (Pascal Salin)

[15] Il en résulte selon les cas soit un marasme économique soit la création de « bulles »
quand trop de monnaie est créée (comme lors de la crise de 1929). « Appliquez le système soviétique à l'industrie bancaire, et vous obtenez la FED. » (Ron Paul)

[16] Une banque privée peut certes faire faillite, et pas une banque centrale, mais les er-
reurs de cette dernière aboutissent à une faillite cachée, par la dévaluation de la monnaie (les pertes sont collectivisées).

banques d'émission privées. Nous n'avons jamais eu de monnaie dont les responsables auraient eu pour seul et exclusif souci de donner au public la monnaie qu'il préfère à d'autres, leurs moyens d'existence mêmes dépendant de la satisfaction des attentes ainsi créées.[17] »

Il n'y a là rien d'utopique car la banque libre a longtemps existé dans le passé[18], et aujourd'hui des monnaies privées plus ou moins élaborées circulent déjà sur Internet (monnaies électroniques) ou à plus petite échelle dans les SEL[19]. Le monopole de la monnaie n'a donc aucune justification.

---

[17] « La dénationalisation de la monnaie » (1976).
[18] Par exemple en Ecosse (1727-1844) et à certaines époques en Suède, Belgique, France (Kurt Schuler, « The world history of free banking », 1990).
[19] Systèmes d'échanges locaux : réseaux locaux d'échange et d'entraide entre personnes.

Nous avons vu que la propriété découle de la rareté des biens et du droit de ¹acun à disposer des fruits de son travail. Ce droit est *exclusif* dans le sens où il ermet d'exclure autrui de l'accès à ce qu'on possède[1].

Par ailleurs, un bien ne tire sa valeur que de l'échange, c'est-à-dire de ¹mportance qu'autrui peut lui accorder. La valeur est sociale et négociable[2], ³ors que le droit de propriété est « pré-social » et attaché à la personne (dans ² sens il est « naturel » et non à la discrétion d'un pouvoir quelconque).

La notion de propriété intellectuelle désigne un certain « droit » sur des ²éations immatérielles, celles de l'esprit humain. Il convient d'examiner dans ¹elle mesure cette notion répond aux critères libéraux. Là encore, à l'heure où ³s technologies de l'information soulèvent de multiples questions de société ¹tour des créations de l'esprit, le libéralisme est révolutionnaire.

Nul ne conteste qu'on ait la propriété d'une création de son esprit : je détiens ¹ droit sur un texte, un air de musique, une idée d'invention que j'ai créés avec ³s moyens matériels et intellectuels dont je dispose. Je peux donc librement ²e ce texte, jouer cette musique ou inventer un dispositif appliquant cette idée.

Cependant mon droit de propriété s'arrête là. Celui qui répète mon texte, ma ¹usique ou a eu la même idée que moi[3] ne porte en rien atteinte à mon droit de ²opriété : il ne me prive pas du résultat de ma création[4], qui reste intact. Imiter ²t un droit, car l'usage multiple ne détruit pas l'usage personnel[5]. Le copieur ¹llit peut-être à une certaine éthique[6], mais ce n'est pas à l'éthique minimale ²érale.

---

xclusif mais pas absolu, puisqu'on peut donner ou échanger le bien possédé, et donc ¹andonner volontairement ce droit.
'est le résultat d'un acte de pensée d'autrui, et non quelque chose d'intrinsèque.
u'il se soit inspiré de la mienne on non.
auf vol matériel du support de l'idée, ou intrusion illégitime ayant permis de la con-¹tre.
l'inverse d'un bien matériel. En ce sens une idée n'est pas une ressource rare.
ar exemple s'il avait promis le secret. Mais une promesse n'est qu'un engagement ²ral, pas un échange, et ne pas tenir une promesse n'est pas une agression.

Peut-être me prive-t-il des gains que j'espérais tirer de mon idée[7], mais pas plus que si un concurrent produisait un meilleur texte, une meilleure musique ou une meilleure invention. Un gain espéré pas plus qu'une part de marché ne sont un dû.

Une idée n'existe nulle part[8] tant qu'elle n'est pas concrétisée en une réalisation matérielle qui seule peut faire l'objet d'une appropriation. La seule façon de protéger une idée (si on la juge à ce point unique) serait de la taire. Une fois connue, elle n'a plus de propriétaire et ne peut plus être protégée – sauf à attenter à la liberté d'autrui par la fiction légale de la propriété intellectuelle. Une idée ne s'use pas si l'on s'en sert.

La notion de « brevet », privilège d'origine étatique[9], n'existant qu'en vertu d'une loi qui l'impose, est liberticide. Sa justification est conséquentialiste[10] Une idée serait un « bien public » que l'État devrait protéger par la loi, sans quoi tout le monde pourrait en profiter « indûment » et copier l'inventeur, qui ne retrouverait pas le fruit de son investissement. La création serait découragée l'industrie péricliterait. On peut noter que c'est le même type d'argument qu'on opposait à l'abolition de l'esclavage au XIXe siècle.

Au lieu de propriété intellectuelle, il faudrait parler de monopole intellectue imposé par le droit positif sous l'influence de groupes de pression d'autant plus puissants qu'ils bénéficient de ce type de rente. Le droit positif se prévaut d'une réalité, la rareté naturelle des biens matériels, pour imposer une rareté artificielle d'où découlerait similairement un nouveau type de « propriété ». Il suffit de considérer que de très nombreuses idées ne sont pas protégées[11] pour voir

---

[7] Par exemple si je comptais lire mon texte en public, monter un concert avec ma musique, etc.

[8] Sauf dans le monde immatériel des Idées, où l'argent n'existe pas (autrement que comme idée).

[9] Qui ne s'est imposé qu'à la fin du XIXe siècle (voir Lemennicier, « La propriété de inventions : propriété naturelle ou monopole ? », 1995). Thomas Jefferson (lui-même inventeur) affirmait que « les inventions, par nature, ne peuvent être sujettes à propriété ».

[10] Et soutenue par les libéraux utilitaristes, comme John Stuart Mill, selon le critère d l'utilité sociale.

[11] Lemennicier (op. cit.) cite « la mode, les stratégies commerciales, les découvertes scientifiques ou les formules mathématiques » et bien d'autres.

'arbitraire de cette notion et conclure que « *les brevets sont une invasion bien plus qu'une défense des droits de propriété*[12]. »

Le droit d'auteur (ou le copyright anglo-saxon qui en est proche) relève du même type d'abus. En témoigne le fait qu'il n'y avait pas de droit d'auteur avant l'invention de l'imprimerie. Bien que les livres existassent, les auteurs n'ont alors jamais ressenti le besoin de protéger leurs « droits[13] ». D'ailleurs la « protection » légale de l'œuvre ou du brevet, avant qu'ils passent dans le « domaine public », vaut pour une durée limitée, durée qui a beaucoup varié dans l'histoire et selon les pays[14].

Cependant l'auteur a des moyens de défendre sa création dans le respect du droit d'autrui. Le contrat peut aider à encadrer la diffusion d'une œuvre : l'auteur contracte avec l'éditeur, qui contracte avec des diffuseurs, ce qui limite le risque de fuite hors du circuit (puisque chacun veille à son intérêt bien compris, qui est de vendre). On pourrait imaginer de plus que l'acheteur final signe aussi un contrat qui l'empêche de diffuser ou de revendre l'œuvre[15]. Mais d'un point de vue libéral un contrat ne peut obliger quelqu'un à tenir un engagement (ici, s'interdire à faire des copies non autorisées) : il peut tout au plus imposer un dédommagement s'il est prouvé que la promesse n'a pas été tenue[16], ce qui en montre les limites.

Il y a en fait de multiples façons de bénéficier du fruit d'un travail intellectuel dans le cadre seul de la propriété naturelle, sans faire appel à l'État. La principale est l'avantage concurrentiel qui consiste à être le premier sur le marché avec une nouvelle œuvre ou une nouvelle invention. Il y a aussi les techniques de clôture qui visent à protéger l'œuvre matériellement ou logiquement, le secret de fabrication pour certains produits[17], la diffusion restreinte selon un code de conduite ou des règles corporatives, la location avec caution, la vente par

---

Murray Rothbard, « Man, Economy, and State » (1962).

Invoquer une diffusion moindre à l'époque ne change rien, car il y a aussi de nos jours certaines œuvres très peu diffusées.

Si ce droit était « naturel », on ne voit pas pourquoi il ne pourrait pas se transmettre indéfiniment par l'héritage, comme un bien matériel (seul le libéral Lysander Spooner adhère à ce curieux point de vue).

C'est ce qui existe pour les contrats de licences de logiciels.

Preuve quasiment impossible avec les technologies de l'information actuelles, et le « recel de bien immatériel » n'a pas de sens pour les raisons déjà évoquées.

Coca-Cola ou Michelin sont connus pour cette stratégie.

abonnement, les produits liés, une politique de prix élevés pour certaines œuvres, etc.

Il s'agit d'exclure autrui, autrement que par une protection légale (illégitime et souvent illusoire), du bien qu'on souhaite monnayer, en protégeant *l'accès à l'information* plutôt que l'information elle-même.

La disparition du droit d'auteur ne tarirait pas les sources de revenus actuellement annexes (conférences, prestations) apportées par la notoriété de l'auteur.

La « contrefaçon », qui consiste à imiter un produit d'une marque donnée et à le vendre éventuellement sous le nom de la marque[18], peut être déjouée par le fabricant qui rend publique la liste des magasins seuls habilités à vendre les produits réputés « authentiques[19] ».

Une autre stratégie peut être de ne pas protéger le produit : le logiciel libre n'empêche pas les prestations connexes en formation, maintenance, etc.

Actuellement la protection légale, comme toute intervention étatique qui fausse le marché, conduit à des prix excessifs, ce qui limite la diffusion des idées et de l'information – non que cette diffusion devrait être gratuite, ce qui est impossible[20], mais elle ne devrait pas procurer des revenus immérités par le seul jeu de la loi. Le but de la loi devrait être la protection des droits des personnes, pas l'instauration arbitraire de privilèges. Certes, le capitalisme s'en accommode, mais ce faisant il est tout sauf libéral.

---

[18] Ce qui peut être considéré comme une tromperie morale sur la marchandise.

[19] L'acheteur peut ainsi détecter les « contrefaçons » et les acheter (ou pas) en connaissance de cause. La « contrefaçon » ne cause aucun dommage au fabricant.

[20] La gratuité (hormis celle du don) est une illusion, tout le talent de l'illusionniste consistant à cacher qui paye au final.

Le thème de la question sociale est apparu en Europe dans les années 1830. ne certaine bourgeoisie découvrait alors le « paupérisme ». Pourtant il y avait)ujours eu des pauvres, et même des très pauvres, mais le fait que ceux-ci, avec : nouvel essor du capitalisme au XIXe siècle, aient quitté les campagnes pour enir travailler en ville (et améliorer ainsi leur condition[1]), les rendait plus « vi-.bles » que lorsqu'ils mouraient de faim loin des bonnes âmes.

La bourgeoisie se fit alors tantôt paternaliste, tantôt révolutionnaire. Sous la ression politique, l'histoire sociale accoucha d'une pléthore de contraintes)ciales, même si quelques unes qui existaient déjà furent abolies[2]. En voulant ire le bien des pauvres, puis des salariés (vus comme des opprimés), la loi ne :ussit qu'à les assujettir et à les appauvrir – le pire fut atteint au XXe siècle vec les différentes variantes du socialisme autoritaire.

Alors que la loi ne devrait que garantir au citoyen sa liberté d'action et le isser se « prendre en main[3] », le droit positif détruit autant la dynamique des apports sociaux que l'autonomie de la personne. Il n'est que d'examiner importe quelle réglementation « sociale » pour s'en persuader. En voici 1elques exemples.

La durée du travail légale : l'imposer de force ou la réduire n'a de sens que ans un monopole d'origine étatique, qui peut en faire payer le prix à des .ients captifs. Dans les autres cas, la perte de production se répercutera *in fine* ir les salaires, qui stagneront. Il en est de même pour tout avantage (congés iyés et autres « droits acquis »), car il n'y a pas de miracle en économie[4].

: Le passage à l'usine représentait pour beaucoup d'ouvriers de l'époque une véri-)le libération par rapport aux conditions de vie infernales qui étaient le lot des jour-liers agricoles ou des travailleurs à domicile de la période préindustrielle dont au-ırd'hui nous idéalisons la situation. » (Norman Gash, Rhodes Boyson, « The long de-te on poverty », 1972)
a pénalisation de la grève (condamnée par Bastiat), l'interdiction des syndicats.
: Le plus grand soin d'un bon gouvernement devrait être d'habituer peu à peu les uples à se passer de lui. » (Alexis de Tocqueville, « Ecrits et discours politiques »)
,'argument selon lequel « il suffit de diminuer les profits » pour payer les « avan-;es » ne tient pas quand on connaît la nature résiduelle et incertaine du profit.

Le salaire minimum : il barre l'accès au marché de l'emploi à ceux dont le travail vaut moins que le minimum. On privilégie ceux qui sont payés à ce salaire au détriment des chômeurs que cette barrière produira. De même les législations qui réglementent les licenciements sont source de chômage, car elles freinent les embauches.

Les dispositifs étatiques de protection sociale, d'origine paternaliste[5], se substituent aux décisions libres des salariés de s'assurer dans le secteur privé (mutuelles, assurances) et de faire jouer la concurrence. Les retraites par répartition stérilisent l'épargne et pillent les actifs en ne leur laissant que des promesses incertaines de rétribution future.

L'État-providence est l'incarnation de cette volonté politique de redistribution sous prétexte de *justice sociale*, ce mirage, « *cheval de Troie à la pénétration du totalitarisme*[6] ». L'État se présente comme ce qu'il n'est pas : une source inépuisable de richesses qu'il ne tiendrait qu'à une volonté politique de distribuer. Il asservit les uns pour mettre les autres en dépendance. Les libéraux ont lancé dès le XIXe siècle de sérieuses mises en garde contre cette illusion[7].

L'existence des syndicats, associations volontaires de travailleurs (ou de patrons), est légitime, ce qui l'est moins est le pouvoir que le droit positif leur donne pour interférer dans la bonne marche de l'entreprise, en violation du droit de propriété et contre toute réalité économique[8]. Le droit de grève est légitime, mais dans la seule mesure où il rompt le contrat de travail et où le salarié accepte la possibilité d'être licencié qui en résulte[9], autrement c'est un lien quasi féodal qui s'établit entre salarié et entreprise, un « droit d'être employé à vie ».

---

[5] Car apparemment on ne peut faire confiance au salarié pour veiller à sa propre protection – le même salarié qui a pourtant le droit de vote en démocratie.

[6] Hayek, « Droit, législation et liberté » (1978).

[7] « Il ne faut pas que le peuple s'attende à ce que l'État le fasse vivre puisque c'est lui qui fait vivre l'État. » (Frédéric Bastiat, « Mélanges d'économie politique », 1851)

[8] « Le marché est une démocratie de consommateurs. Les syndicalistes veulent transformer cela en démocratie des producteurs. Cette idée est fallacieuse, parce que la seule fin et raison d'être de la production est la consommation. » (Mises, « L'Action Humaine », 1949)

[9] « Nous ne voulons pas vendre notre marchandise, qui est du travail, à tel prix ; nous en voulons un autre, et si vous refusez, nous allons rentrer dans nos foyers ou chercher de l'ouvrage ailleurs. » (Bastiat, 1849)

Car le salariat n'est pas un esclavage : c'est un échange consenti entre un employé et un employeur dans lequel chacun trouve un avantage, celui du salarié étant la certitude d'un revenu fixe qu'il n'aurait pas s'il était travailleur indépendant à son propre compte, directement soumis aux aléas de la conjoncture économique[10]. Exciper, comme le fait une certaine démagogie, d'une inégalité entre employeur et employé (il faut travailler pour vivre, la plupart des salariés n'ont pas le choix) revient à vouloir faire peser une nécessité naturelle sur autrui, comme s'il en était responsable[11].

C'est presque un jeu pour l'économiste cohérent que de montrer comment toute intervention étatique aboutit toujours à l'inverse du résultat souhaité, et au mieux prend arbitrairement aux uns pour donner aux autres (action nuisible dont on cache le coût).

Il est évident que toutes les « protections » instaurées par les pouvoirs ne sont que des symboles dépourvus de toute efficacité, sauf pour les politiciens qui les mettent en place et les hommes d'appareil qui en vivent. Parvenir en revanche à ce que les intéressés finissent par le comprendre et réclament d'eux-mêmes la liberté sociale qui leur est due serait attendre d'eux une lucidité qu'une certaine conception de la « démocratie sociale » s'emploie à détruire tant qu'elle peut.

Aléa que l'employeur prend en charge pour le salarié.

C'est l'erreur de la plupart des formes de collectivisme. Voir le « droit au travail » des socialistes du XIXᵉ siècle, d'ailleurs suivi plus tard d'une revendication d'un « droit à la paresse ».

Pour beaucoup de personnes, il semble acquis que le libéralisme conduirait à une société certes efficace, mais inégalitaire et qui fabriquerait de la pauvreté. Chacun ne voyant que son propre intérêt, les plus faibles seraient « laissés au bord du chemin » et ne pourraient plus compter que sur les largesses de l'État pour vivre. Or c'est une idée qui est infondée.

Qu'est-ce que la solidarité ? C'est au sens général une communauté d'intérêts. On en dérive un *devoir moral* d'entraide et d'assistance réciproque. Dans ce sens la solidarité est toujours volontaire[1]. Quelle vertu et quel mérite personnel y aurait-il à être solidaire par force ?

Avec l'État-providence, le sens des mots a changé : on parle de solidarité même quand il n'a plus consentement, le devoir moral est devenu un *devoir légal*. Cette solidarité forcée, mécanique, est une redistribution sous la contrainte, la fin semblant justifier les moyens. Les libéraux ont toujours dénoncé cette imposture[2].

L'approche libérale consiste à chercher tous les moyens de diminuer la pauvreté ou de compenser le handicap sans passer par l'action coercitive de l'État.

Le premier moyen est évidemment de créer de la richesse, et donc moins de pauvres[3], par le libre jeu de l'économie de marché. Chercher, au nom de bons sentiments[4], à partager une pauvreté uniforme plutôt que de la laisser se résorber par le développement, même au prix d'inégalités plus grandes, n'est pas une solution. Ce n'est pas l'écart entre les pauvres et les riches[5] qui compte, mais l

---

[1] « Il m'est tout à fait impossible de concevoir la Fraternité légalement forcée, sans que la Liberté soit légalement détruite, et la Justice légalement foulée aux pieds. » (Frédéric Bastiat, « La Loi », 1850)

[2] « Ils prétendent que tout homme a le droit de vivre sans travailler et, en dépit des lois de la réalité, qu'il a droit à un 'minimum vital' - un toit, des aliments et des vêtements sans faire aucun effort, comme un privilège de naissance. Qui doit lui fournir tout cela ? Mystère. » (Ayn Rand, « La Grève », 1957)

[3] Ou plus de possibilités de les assister.

[4] Ceux qui animent les doctrines collectivistes, comme l'irréalisme du « à chacun selon ses besoins » (mais qui définit les besoins ?).

[5] Ces termes de « riches » et de « pauvres » n'ont évidemment qu'une valeur relative.

nombre de pauvres qui deviennent moins pauvres, et on n'a rien trouvé de mieux que le développement pour cela.

Un autre moyen, le plus ancien, est celui des solidarités volontaires, familiales, locales, associatives (œuvres caritatives, fondations, ONG humanitaires). Ces solidarités, souvent dépréciées par la tendance étatique comme relevant de la charité ou de la bienfaisance, sont des formes organisées parmi les plus efficaces.

Le mutualisme est une forme de solidarité coopérative structurée très ancienne, qui repose sur la mise en commun volontaire de ressources dans un but d'entraide. L'État cherche parfois à récupérer le principe en le transformant de fait en service public monopolistique, ce qui va à l'encontre de l'esprit de ce système[6].

L'assurance est un autre moyen, que fournit cette fois l'économie de marché, pour traiter le « risque social », non pas directement la pauvreté, mais ses causes usuelles : le handicap, la maladie, le chômage, etc. C'est une technique bien maîtrisée[7], qui repose sur la propriété et la responsabilité, et qui pourrait remplacer l'État dans quasiment tous les domaines, si on la laissait se développer.

En dernier lieu seulement devrait venir l'action de l'État – qui ce faisant sort de son rôle. Généreux grâce à l'argent d'autrui, il est inefficace par nature, et non par manque de moyens. Il agit de façon aveugle et décourage l'initiative privée. Souvent il aide les activités (agriculture, logement) plutôt que les personnes. Créant des droits acquis à l'assistanat, il tend à diluer la responsabilité personnelle dans une vague responsabilité sociale qui finit par devenir prétotalitaire. Comme il ne peut prendre à la classe moyenne plus qu'il ne lui redonne, il a recours à l'endettement : de déficit en déficit, la dette a tendance à s'accroître indéfiniment, jusqu'à l'inévitable faillite finale.

---

[6] Bien que les idées de théoriciens ou praticiens tels que Robert Owen (1771-1858) ou Proudhon (1809-1865) fussent qualifiées de « socialisme utopique » par les marxistes, il s'agit là du seul socialisme qui ait survécu, parce que volontaire.

[7] « L'assurance est en définitive l'une des dernières grandes découvertes de l'homme, un des derniers grands progrès technologiques dans le domaine économique et social. » (Georges Lane, Journal des Economistes et des Etudes Humaines, 1993).

Toutefois, certains libéraux[8] ont préconisé un revenu minimum incondition-nel (qui se traduirait par une déduction fiscale pour ceux qui paient des im-pôts). Ce dispositif, qui remplacerait les allocations existantes, éviterait les « trappes à pauvreté » et les abus, et procurerait un filet de sécurité qui aiderait à sortir de l'assistance et à s'assumer.

La question qui reste est celle de l'utilité d'avoir un intermédiaire, l'État, entre le faible et le « non faible » qui seul peut aider le faible. En l'absence de l'État, de son « protectorat social[9] » et de sa solidarité forcée, y aurait-il une so-lidarité volontaire équivalente ? Beaucoup en doutent. Pourtant on peut suggé-rer une « expérience de pensée » assez simple : *supposons que l'État rende à tous les contribuables les milliards qu'il consacre à ses programmes d'assistance* à charge ensuite à ceux-ci de veiller eux-mêmes au sort des plus faibles. Il y a fort à parier que la solidarité serait bien plus efficace et d'une plus grande am-pleur, car chacun est plus attentif à l'emploi de son propre argent que ne l'est le fonctionnaire ou le politicien d'un argent qui ne lui appartient pas. Cela permet de douter de l'utilité de l'État en ce domaine.

---

[8] Notamment Thomas Paine (« Agrarian Justice », 1796) et Friedrich Hayek (« La Cons-titution de la liberté », 1960).
[9] Terme de B. de Jouvenel (« Du Pouvoir », 1945).

L'écologie est sans doute le sujet que le libéral redoute le plus. Que répondre
ceux, toujours plus nombreux, qui exigent des réglementations pour sauver
environnement et protéger la nature ? Quel autre moyen que l'intervention de
État et ses solutions centralisées ?

On pourrait remarquer que l'État, champion de la catastrophe écologique[1],
st mal placé pour donner des leçons en ce domaine. Sa façon de céder tantôt
ux lobbies industriels, tantôt aux écologistes extrémistes et aux scientifiques
ubventionnés, est inquiétante. Comme ces derniers, il croit connaître l'avenir
t être capable de l'influencer, voyant des risques où il n'y en a pas, réduisant
ne question très complexe à un lien de cause à effet simpliste, ignorant
utorégulation de la planète et les interdépendances qui relativisent les per-
urbations marginales. Quand il veut corriger une nuisance, il en provoque une
utre[2]. L'illusion scientiste[3] mène au planisme, qui mène à la fin des libertés.
insi, plutôt que de promouvoir un principe de précaution[4] susceptible
interdire toute activité économique et tout progrès, il faudrait d'abord laisser
société civile trouver les moyens de régler concrètement les problèmes
u'elle crée ou qu'elle affronte.

Avant de s'engager vers des solutions coercitives et la facilité de la con-
ainte étatique, il faudrait se demander si une question écologique ne peut être
glée de manière civilisée, en faisant jouer en dernier recours seulement la
glementation et la force.

La propriété, qui assure une gestion à long terme du patrimoine naturel, et la
sponsabilité qui l'accompagne : voilà les premiers remparts contre d'éven-

---

ant dans les pays socialistes (Tchernobyl, la Mer d'Aral) qu'ailleurs (l'armée US est
ns doute le premier pollueur en Amérique ; les essais nucléaires des années 1950 ont
néré des dizaines de milliers de cancers).

l'interdiction du DDT, cause de la résurgence du paludisme (plus d'un million de
orts par an) ; l'amiante, dont l'usage fut obligatoire dans le bâtiment, puis interdit.

e scientisme prétend rationaliser de façon déterministe l'économie et l'organisation
ciale en ignorant la rationalité des personnes.

e principe autocontradictoire (est-il toujours conforme au principe de précaution
béir au principe de précaution ?) donne les mains libres à l'État pour interdire toute
novation.

tuels dégâts écologiques ou l'épuisement des ressources naturelles[5]. En leur absence, il y a risque d'exploitation sans limite des ressources communes, tantôt encouragée par l'État[6], tantôt interdite, ce qui est souvent pire[7].

Les ressources terrestres ne sont pas inépuisables, mais justement le marché est le meilleur guide pour les utiliser, car plus une ressource est rare, plus son prix augmente. Ce signal pousse à l'économiser, mieux l'utiliser ou chercher des substituts.

La responsabilité est l'autre aspect à prendre en compte. L'entreprise est soumise à la responsabilité juridique et au souci de sa réputation (ce qui n'est pas le cas de l'État). D'où le principe pollueur-payeur, qui s'applique quand le pollueur est identifié et a effectivement violé des droits de propriété. Idéalement, l'action en justice des victimes devrait interdire l'activité polluante[8]. Dans certains cas[9], la meilleure issue est de permettre à la victime de négocier avec le pollueur au mieux de son intérêt. La taxation autant que l'évolution vers les marchés des droits à polluer[10], si elles permettent une certaine régulation, sont cependant aberrantes : l'État agit comme si l'environnement était sa propriété pour prélever des sommes arbitraires qui ne profiteront en rien aux victimes.

On doit considérer que la pollution est d'abord (sauf pour certains écologistes extrémistes) un conflit entre personnes, et qu'il y a davantage de sens à parler de dommages aux personnes plutôt qu'à l'environnement. Il n'y a pas de raison d'empêcher la confrontation, par voie de justice, des producteurs de risques et de leurs victimes. Pascal Salin indique une façon dont de tels conflits même en cas de problème écologique d'ampleur planétaire, peuvent être réglés uniquement par voie de justice et de couverture assurantielle, ce qui conduit à une évaluation rationnelle et précise du risque et de ses effets[11]. C'est certes

---

[5] Notons que les richesses naturelles n'existent pas, mais sont promues comme telles par l'homme à partir de la nature.

[6] Voir les dégâts en forêt amazonienne (concessions accordées par le Brésil en l'absence de propriété privée).

[7] Interdire certains commerces (ivoire) conduit à des trafics dévastateurs tandis que les exploitations rationnelles qui sauvegardent la ressource ne peuvent survivre.

[8] La théorie de la subjectivité de la valeur (voir note *supra*) permet d'accorder un prix infini à son bien-être, mais un jugement civil risque d'imposer des pénalités financières au pollueur, sans interdire la pollution.

[9] Ceux du « théorème de Coase » (qui ne s'applique pas aux dégâts « globaux » impliquant un grand nombre d'acteurs).

[10] De façon pédante : « internaliser les externalités ».

[11] Voir Pascal Salin, « Libéralisme » (2000), fin du chap. 16.

plus long et moins attrayant qu'un oukase étatique préventif destiné à complaire tout de suite à une clientèle politique.

Le boycott est une autre voie encore peu empruntée, qui rappellerait aux producteurs ce qu'est la réalité du marché : une démocratie des consommateurs.

Les libéraux sont moins obsédés par la croissance que les états eux-mêmes, qui en tirent leur revenu[12]. La croissance est davantage une augmentation de l'efficacité des techniques qu'un accroissement de la consommation des ressources naturelles. Il n'y a donc pas d'incompatibilité entre croissance et écologie, au contraire, et les visions malthusiennes[13] statiques sont infirmées tant par les progrès technologiques que par les ressources de la nature elle-même.

Les problèmes dits globaux n'appellent pas forcément des réponses globales, centralisées et liberticides[14], sauf à fournir des alibis à un totalitarisme écologique. Pour un libéral, le souci de l'homme prime. Partie de la nature, il n'a pas pour autant à lui vouer un culte aveugle : « *si je suis venu au monde, ce n'est pas pour le transformer en un lieu où il fasse bon vivre, mais pour y vivre, qu'il soit bon ou mauvais.*[15] »

---

[12] La croissance est un concept macroéconomique refusé par les libéraux : c'est une construction imaginaire » qui « suppose possible la mesure de la richesse » (Mises, L'Action Humaine », 1949).

[13] Selon Thomas Malthus (1766-1834), il faudrait réguler la démographie car augmentation de la population est plus rapide que celle des ressources. Sa vision pessimiste (vraie à long terme) a été contredite par les progrès en matière d'énergie et d'agriculture.

[14] « Penser globalement, agir localement » conseillait le biologiste René Dubos (1901-1982).

[15] Thoreau, « La désobéissance civile » (1849).

Le libéralisme a toujours fait l'objet de critiques, souvent par ceux qui en ignorent les principes et rejettent ce qu'ils croient en être les effets pervers. Les critiques sont en général d'ordre économique, encore que le nationalisme ou d'autres doctrines autoritaristes contestent le libéralisme en bloc. Il y aurait toute une psychologie de l'antilibéralisme à développer[1]. Contentons-nous d'en évoquer les causes les plus courantes.

D'abord une méconnaissance de la nature de l'économie et des conditions de production des biens et services. Ignorant la réalité de l'entreprise, de l'épargne, du profit, on réclame une gratuité impossible, on exige par la loi des avantages, des privilèges, des « faux droits[2] », sans se demander qui va payer.

Cette ignorance culmine avec la croyance en la supériorité absolue de la politique. Il suffirait de décider, de légiférer, comme si la réalité devait se conformer aux désirs politiques, alors que les équilibres économiques, tout comme la vie sociale, ont leur propre logique et ne se fixent pas par décret. Le politicien toujours opportuniste, s'attribue les réussites économiques et rejette les échecs sur le marché, jamais sur l'État, qui est presque toujours à l'origine des perturbations.

La personne n'est plus considérée comme autonome, mais soumise à un déterminisme social. Chaque individu est malléable et indifférencié, aussi l'élite autoproclamée des « ingénieurs sociaux » évoquée par Popper[3] cherche à transformer la société dans le sens qu'elle juge bon, en lui assignant des buts. L'histoire est appelée à la rescousse, comme si elle était tracée d'avance ou permettait de prédire les événements futurs[4]. Cette « présomption fatale[5] » ouvre la voie au piétinement des droits individuels. L'antilibéralisme est pratiqué bien davantage par les étatistes au pouvoir que par les nostalgiques du collectivisme qui défilent dans les rues.

---

[1] Déjà esquissée par Mises en 1927 (« Libéralisme », Introduction).

[2] Des droits qui ne sont pas naturels, mais doivent être fournis par quelqu'un d'autre sous la contrainte.

[3] Karl Popper, « La société ouverte et ses ennemis » (1945). Cette élite peuple habituellement les organisations nationales et internationales.

[4] On appelle « historicisme » ce point de vue. En réalité l'histoire ne progresse pas, seuls les individus progressent.

[5] Titre du dernier livre de Hayek (1988).

Le moteur antilibéral le plus puissant est certainement la *jalousie sociale*, sentiment très partagé. Toute inégalité est dénoncée, appelée à être corrigée, sauf si elle est créée par l'État, celui-ci étant vu comme le seul rempart contre les « désordres du marché ». Les mots changent de sens : on voit de l'exploitation et de l'injustice là où il n'y en a pas, sans même s'apercevoir que l'État accapare de façon arbitraire une partie importante du revenu national et attente impunément aux libertés individuelles. Tout discours rationnel est refusé et ses auteurs disqualifiés[6].

Il est certain que la dynamique de la « société ouverte » ne s'accorde pas avec le besoin de sécurité de chacun. Le capitalisme libéral, fait de « destructions créatrices[7] », ne permet pas cette égalité de résultats à laquelle aspirent les antilibéraux, qui serait le propre d'une économie quasi tribale, d'une société fermée.

Les mesures de « justice sociale » qui plaisent tant aux sociaux-démocrates instaurent toujours de nouvelles inégalités[8], d'ailleurs souvent en faveur des plus riches[9]. L'égalitarisme est en fait « *une croyance pathologique : que la réalité est sans structure, que le monde entier est une table rase qu'on peut modifier à tout instant dans la direction souhaitée par le seul exercice de la volonté humaine*[10] ». Il provient d'un sentiment d'envie malsain, encouragé par les démagogues de tous les partis, prompts à alimenter la guerre de tous contre tous et à justifier un interventionnisme liberticide.

Que dire aux antilibéraux, sinon qu'il y a de la place pour eux dans une société libérale, comme pour toute communauté, dès lors qu'ils respectent le principe de non-agression[11] et ne cèdent pas à leurs tendances liberticides ?

Mises (« L'Action Humaine », 1949) appelle « polylogisme » le défaut marxiste (ou nazi) qui consiste à juger un discours d'après la classe sociale (ou la race) de son auteur.

Cette expression est de Joseph Schumpeter, « Capitalisme, socialisme et démocratie » (1942).

Entre ceux qui produisent et ceux qui profitent de la redistribution ou de la taxation.

Gratuité des études supérieures, logement « social », protectionnisme, subventions, etc. Voir aussi David Friedman, « Vers une société sans État » (1971), chap. 4.

Rothbard, « L'égalitarisme comme révolte contre la nature », 1973.

Et ne cherchent pas à pratiquer l'agression par voie politique.

La réponse courte est : non. Aucun progrès ne peut être obtenu par la violence. Le libéralisme, c'est d'abord le respect de la liberté et de la propriété légitimement acquise[1].

Nous ne vivons pas dans un monde libéral, loin de là, bien que chacun de nous soit libéral à sa manière, et n'aurait que faire de la théorie si les sophismes politiques n'étaient pas si prégnants dans les esprits.

Le libéralisme n'est pas un conservatisme[2]. Son refus de l'interventionnisme parfois contre-intuitif, n'a rien de conservateur, car il dénonce les injustices. Il dénie toute légitimité à un pouvoir qui s'attaque à la liberté et à la propriété, en refusant le droit de chacun au fruit de son travail.

Même s'il est révolutionnaire, le libéralisme est pacifique. Son action se déploie sur deux plans : politique et non politique.

L'homme politique libéral[3] doit être un radical et non un libéral honteux. Son but : l'État minimum, sa devise : « *le gouvernement le meilleur est celui qui gouverne le moins*[4] ». Ce devrait être un <u>*abolitionniste*</u> qui propose la fin du protectionnisme, des monopoles de droit, des aides aux entreprises[5], des subventions, des privilèges sociaux, de l'assistanat aveugle, de la spoliation des actifs. Le choix des moyens et des échéances est son affaire[6].

Mais pour beaucoup de libéraux, la politique est une duperie, un jeu somme négative[7], une guerre institutionnalisée entre groupes de pression, tou

---

[1] Car toute richesse n'est pas forcément légitime, voir questions 12 ou 16.

[2] Il ne cherche pas le retour à des valeurs « traditionnelles » (sauf celles de l'éthique minimale) mais laisse chacun libre d'établir ses valeurs. Il conteste les valeurs morales imposées, les inégalités en droit.

[3] Contradiction dans les termes, selon certains.

[4] Henry Thoreau, *op. cit.*

[5] « S'il y a quelque bénéfice à retirer d'une entreprise, elle n'a pas besoin d'encouragement ; s'il n'y a point de bénéfice à en retirer, elle ne mérite pas d'être encouragée. » (Jean-Baptiste Say, « Traité d'économie politique », 1803)

[6] Voir Madsen Pirie (« La micropolitique », 1988) pour l'exemple thatchérien.

[7] Une somme redistribuée entraîne une perte en lobbying pour l'obtenir ajoutée à perte pour celui qui en a été spolié : « un profit contre deux pertes », disait Bastiat.

lancés à la conquête du seul moyen de triompher légalement : l'État-Moloch, Léviathan ou Minotaure[8].

D'où la tendance anarchiste-libérale à contourner le « monstre froid », par les actions de la société civile, la mondialisation qui se joue des contraintes nationales, les réseaux qui aplatissent les hiérarchies, le « droit d'ignorer l'État[9] », la désobéissance civile, voire pour les extrémistes la contre-économie[10]. Il ne s'agit pas de spéculer sur la disparition de l'État, mais de le faire reculer en se soustrayant à son oppression.

Ce n'est peut-être pas tant le libéralisme qui fait peur, que la façon dont la société évolue, vers plus de complexité et d'incertitude, sans possibilité pour quiconque de la régenter, de la diriger autoritairement vers un objectif défini. Il ne sert à rien de regretter les servitudes rassurantes du passé. La peur de la liberté est-elle autre chose qu'une peur de soi-même ?

« Le Minotaure modèle tellement les existences particulières qu'on ne saurait se soustraire à lui ; de sorte qu'il n'y a de salut que dans la conquête. On ne peut plus se dire : «je vivrai ainsi», mais il faut se dire «Pour moi-même vivre ainsi, je dois saisir les leviers de la grande machine et les diriger dans le sens qui me convient.» » (B. de Jouvenel, « Du Pouvoir », 1945)

Herbert Spencer, « Social Statics », chap. XIX (1851).

C'est la tendance « extrémiste », anarcho-capitaliste ou « agoriste ».

La plupart des textes (sauf les plus récents) sont disponibles sur Internet[1].

[1] Anselme Bellegarrigue, « L'Anarchie, journal de l'ordre », (n°1), (1850).
[2] Murray Rothbard, « Le manifeste libertarien » (1973).
[3] John Stuart Mill, « De la liberté » (1859).
[4] Ruwen Ogien, « L'éthique aujourd'hui » (2007).
[5] John Rawls, « Théorie de la justice » (1971).
[6] Bertrand de Jouvenel, « Du Pouvoir » (1945).
[7] Friedrich Hayek, « La Constitution de la liberté » (1960).
[8] Locke, « Deuxième traité du gouvernement civil » (1690).
[9] Pascal Salin, « Libéralisme » (2000).
[10] Robert Nozick, « Anarchie, État et utopie » (1974).
[11] Henri Lepage, « Pourquoi la propriété » (1985).
[12] Tocqueville, « La démocratie en Amérique » (1835).
[13] David Friedman, « Vers une société sans État » (1971).
[14] Frédéric Bastiat, « La Loi » (1850).
[15] Henry Thoreau, « La désobéissance civile » (1849).
[16] Gustave de Molinari, « Les Soirées de la rue Saint-Lazare ».
[17] Ludwig von Mises, « Libéralisme » (1927).
[18] Pierre Lemieux, « L'anarcho-capitalisme » (1988).
[19] Adam Smith, « Richesse des nations » (1776).
[20] Condorcet, « Lettres sur le commerce des grains » (1774).
[21] Friedrich Hayek, « La route de la Servitude » (1944).
[22] Ayn Rand, « Capitalisme, l'idéal inconnu » (1966).
[23] Ludwig von Mises, « L'Action Humaine » (1949).
[24] Bertrand Lemennicier, « La morale face à l'économie » (2006).
[25] Henry Hazlitt, « L'Economie politique en une leçon » (1949).
[26] Bertrand Lemennicier, « La propriété des inventions : propriété naturelle ou monopole ? » (1995).
[27] Frédéric Bastiat, « Mélanges d'économie politique » (1851).
[28] Ayn Rand, « La Grève » (1957).
[29] Murray Rothbard, « L'Ethique de la liberté » (1982).
[30] Karl Popper, « La société ouverte et ses ennemis » (1945).
[31] Madsen Pirie, « La micropolitique » (1988).

---

[1] Sur classiques.uqac.ca/classiques, mises.org, catallaxia.org, herve.dequengo.free.f bastiat.org, etc.

Table des matières

www.ingramcontent.com/pod-product-compliance
Lightning Source LLC
Chambersburg PA
CBHW070608290526
45790CB00002B/829